Jennifer Fulwiler
DU HAST DA DIESES FUNKELN

Jennifer Fulwiler

Du hast da dieses Funkeln

Wie das, wofür du brennst, die Welt heller macht

Francke

Über die Autorin:
Jennifer Fulwiler hat ihr einzigartiges Funkeln als Stand-up-Comedienne, Bestsellerautorin und Mutter gefunden. Ihre erste Tour organisierte sie selbst, indem sie allein mithilfe von Internet und Kreditkarte landesweit Locations in Theatern buchte. Fast jede der Shows war ausverkauft. Mit ihrem Mann, sechs Kindern, einem großen Hund und einer einäugigen Katze lebt sie in Austin, Texas.

www.jenniferfulwiler.com
JenniferFulwiler
Jen Fulwiler

Bibliografische Information der Deutschen Nationalbibliothek
Die Deutsche Nationalbibliothek verzeichnet diese Publikation in der Deutschen Nationalbibliografie; detaillierte bibliografische Daten sind im Internet über http://dnb.dnb.de abrufbar.

ISBN 978-3-96362-362-2
Alle Rechte vorbehalten
Copyright © 2020 by Jennifer Fulwiler
Originally published in English under the title *Your Blue Flame*
Published by arrangement with HarperCollins
Christian Publishing Inc.
German edition © 2023 by Francke-Buch GmbH
35037 Marburg an der Lahn
Deutsch von Anja Findeisen-MacKenzie
Umschlagbild: © freepik.com
Umschlaggestaltung: Francke-Buch GmbH / Marion Schramm
Satz: Francke-Buch GmbH
Druck und Bindung: CPI books GmbH, Leck

www.francke-buch.de

Inhalt

Für Jason »DJ Merlin« Geraghty,
dessen helles Funkeln nicht zu übersehen war

Vorwort

In Steven Spielbergs *Unheimliche Begegnung der dritten Art* spielt Hauptdarsteller Richard Dreyfuss einen Mann, der den ganzen Film über nach etwas sucht. Solange er es nicht gefunden hat, kommt er nicht zur Ruhe. Zwar kann er nicht genau sagen, was es ist, doch er gräbt wie verrückt seinen Garten um und formt auf einem Teller einen geheimnisvollen Berg aus Kartoffelpüree, während seine Frau (gespielt von der wunderbaren Teri Garr) und seine Kinder ihm entsetzt und verständnislos bei der merkwürdigen Aktion zuschauen. Er weiß nicht, wonach er sucht oder was er will, aber er findet keinen Frieden, bis er es herausgefunden hat.

So viele Male hatte ich in meinem Leben auch das Gefühl, eine riesige Skulptur aus Kartoffelpüree gestaltet zu haben, ohne zu wissen, *warum*. Und doch spürte ich immer wieder den Drang, aus etwas Vorhandenem heraus etwas Neues zu schaffen. Manchmal war das Ergebnis staunenswert und manchmal sah es aus wie, nun ja, ein Haufen zerstampfter Kartoffeln. Das Wichtigste aber war, dass ich glücklich war, es getan zu haben. Und genau darum geht es aus meiner Sicht in diesem Buch, das eine Art Mischung ist aus *Der Weg des Künstlers* und einem Manifest mit dem Aufruf: »Ändere dein Leben, ich hab meins auch geändert!«

Jennifer Fulwiler, Autorin, Comedy-Künstlerin, Radiomoderatorin und Mutter von sechs Kindern, hat einen Plan, wie sie dir helfen kann zu entdecken, was deine Leidenschaft ist, und dich durch nichts davon abhalten zu lassen. Sie schreibt klar und zielgerichtet über das Feuer, das wir alle in uns haben, auch wenn es allzu oft unter dem Trubel des Alltags glimmt und unter all dem, was wir meinen tun zu *müssen*. Letzteres sorgt in aller Regel dafür, dass wir uns unglücklich und frustriert fühlen. Wir fragen uns, warum wir unser Leben nicht genießen können, obwohl in den Augen anderer bei uns alles ganz toll und geradezu beneidenswert aussieht.

Ich persönlich glaube, dass Gott uns Menschen geschaffen hat. Dich und deinen Standpunkt kenne ich nicht, daher aus meiner Perspektive gesprochen: All meine Talente und all das Gute an mir hat der allwissende, unvergleichliche Schöpfer des Universums in mich hineingelegt. Und alles, was nicht so blendend ist, hat sich eher durch verschiedene Umstände daruntergemischt, und weil ich dachte, dass ich etwas anderes tun sollte als das, wofür ich wirklich geschaffen bin. In den Zeiten meines Lebens, in denen ich unglücklich und frustriert war, wurde das Feuer in mir – oder, um es im Sinne dieses Buchs auszudrücken: mein ganz eigenes »Funkeln« – durch all den Zufallsballast erstickt und konnte nicht aufleuchten.

Manchmal verstecken wir das, wofür wir eigentlich brennen, unter einem Haufen Schrott und manchmal funkelt es trotzdem darunter hervor, egal was wir tun. Vielleicht ist alles, was wir brauchen, ein Bewusstsein dafür, dass wir etwas in uns tragen, das sich danach sehnt, nach draußen zu kommen. Unser Funkeln kann sich trotz all der Verpflichtungen, der Störungen und der Hektik unseres Lebens durchsetzen.

Ich habe den Eindruck, dass mein Funkeln ausgerechnet in der Zeit am hellsten war, als ich mich von einer Gehirnoperation erholte. Manchmal wusste ich nicht einmal mehr meine Passwörter, die ich vorher nie vergessen hatte, aber meine persönlichen Erinnerungen flossen förmlich aus mir heraus. Sie waren nicht aufzuhalten, wie eine unsichtbare Kraft, die Worte und Geschichten aus mir herauszog, weil ich einfach schreiben *musste*, um zu überleben.

Wir sind alle begabt. Doch wir sollten uns nicht zu viel darauf einbilden, denn »begabt« zu sein, bedeutet ursprünglich, dass jemand oder etwas uns eine Gabe gegeben hat. Wie lässt sich sonst erklären, dass Paul Simon den Text von *The Sound of Silence* bereits im Alter von einundzwanzig Jahren geschrieben hat? Hast du dich schon einmal mit einem Einundzwanzigjährigen unterhalten, der vielleicht sogar bekifft war? Und doch sind die Poesie, die Bilder und Gedanken in diesem Text so tiefgründig, ja beinahe »nicht von dieser Welt«.

In einem Interview, in dem er darauf angesprochen wurde, dass er dieses Meisterwerk in so jungen Jahren geschaffen hatte, hörte ich ihn sagen: »Es *floss* einfach aus mir heraus. Als ob es von woanders käme.« Ich glaube, dass so etwas ursprünglich *immer* von woanders kommt. Aber wir müssen es finden und aus unserem Inneren herauslassen.

Heißt das, dass irgendwo tief in uns allen der nächste Paul Simon, William Shakespeare oder Michelangelo schlummert? Und dass wir nur ein Streichholz an unser Leben zu halten brauchen, unseren Job aufgeben und uns in den Dachstuhl eines Klosters zurückziehen, während die Menschheit auf unser Meisterwerk, das achte Weltwunder, wartet? Nein. Jennifer macht deutlich, dass unsere persönliche Leidenschaft, die Flamme, die ins uns brennt, sich in unserem Leben viele Male ändern kann. Es kann sich dabei um etwas ganz Kleines handeln, zum Beispiel schöne Blumenarrangements für unsere Freunde und Nachbarn zu gestalten, oder um etwas Großes, wie die sechs Kinder und den Ehemann auf eine selbst produzierte Stand-up-Comedy-Tournee mitzunehmen (ich weiß, wovon ich spreche). Der springende Punkt ist nur, dass wir es wirklich tun.

In meinen Augen hat Gott uns ein unglaublich schönes Geschenk gemacht, indem er uns schuf. Wenn uns jemand etwas schenkt, sagen wir dann: »Oh vielen Dank, aber ich verstecke dein Geschenk besser unter einem hässlichen Eimer, und zwar während du dabei bist!«? Natürlich nicht! Wir nehmen unser Geschenk in Gebrauch, selbst wenn wir dafür unsere Komfortzone verlassen müssen, und dann schreiben wir eine Dankeskarte. In diesem Fall besteht unser Dank darin, dass wir andere Menschen mit dem beschenken, was in uns brennt, und wenn man Jennifer

Fulwiler heißt, bedeutet das sogar einen zweifachen Segen: Sie setzt in diesem Buch ihre eigene Leidenschaft dafür ein, um die anderer Menschen anzufachen.

Was für ein wunderschönes Funkeln!

JEANNIE GAFFIGAN, ausführende Produzentin der *Jim Gaffigan Show* und Autorin des New-York-Times-Bestsellers *When Life Gives You Pears*

1. Du darfst aufleben

Meine Freundin ließ sich auf den Stuhl mir gegenüber gleiten. Wir saßen auf der Dachterrasse meines Lieblingsrestaurants hoch über New York City. Sofort beugte sie sich zu mir herüber und fragte:»Was ist mit dir passiert?«

Ich lachte:»Ich freue mich auch, dich zu sehen!«

»Du hast dich total verändert im Vergleich zu damals«, fuhr sie fort.

Sie hatte recht. Vor zehn Jahren hatte sie mich in unserem Zuhause in einer texanischen Vorstadt besucht. Zu diesem Zeitpunkt hatte ich drei Kinder, alle unter drei Jahren. Weil ich ganz vergessen hatte, dass meine Freundin kommen wollte, hatte ich nicht wie sonst üblich unser ganzes Durcheinander unter die Betten und in die Schränke verfrachtet, um einen völlig falschen Eindruck davon zu vermitteln, wie wir lebten. Ein Haufen schäbig aussehender Puppen, denen ein Kleinkind vor Kurzem neue Haarschnitte verpasst hatte, verdeckte den riesigen jahrealten Fleck auf dem Wohnzimmerteppich. Elektrospielzeug lag vergessen herum, weil die Batterien leer waren. Auf dem Tisch stapelte sich das schmutzige Geschirr vom Vorabend.

Die Kinder waren zu früh vom Mittagsschlaf aufgewacht und fingen sofort an zu streiten. Während ich den Tisch abräumen und ihnen etwas zu knabbern bringen wollte, stieß ich versehentlich den Saftkrug auf der Küchenarbeitsfläche um. Die dunkelrote Flüssigkeit ergoss sich über meine Jeans und die Stühle und bildete eine Pfütze rund um meine Füße. Einen Augenblick lang herrschte Stille. Dann rastete ich aus. *Komplett.* Völlig außer mir stammelte ich unverständliches Zeug vor mich hin. Den Tränen nahe schrie ich dem ganzen Kosmos entgegen, wie absolut erfolg- und hoffnungslos mein Leben doch sei.

Meine Überreaktion auf die Saftmisere war die Explosion meines über einen langen Zeitraum aufgestauten Frusts. Mit jeder Woche hatte das Gefühl der Verlorenheit und Ziellosigkeit zugenommen. An manchen Tagen glaubte ich, auf jedem Gebiet meines Lebens zu versagen. In solchen Augenblicken wie beim Verschütten des Saftes erfolgte häufig eine Art Minizusammenbruch, weil ich ohnehin schon in einem so angegriffenen Zustand war.

Leider musste meine Freundin diese unerfreuliche Episode miterleben. Mitten in meinem wutentbrannten Monolog schaute ich auf und sah sie im Wohnzimmer stehen. Mein Dreijähriger hatte beobachtet, wie sie sich dem Haus näherte, und sie auf ihr Klopfen hin hereingelassen. Ich aber hatte es nicht gehört, weil ich gerade den Küchentuchhalter anbrüllte.

Nun also saß diese Freundin mir gegenüber in dem Dachterrassen-Restaurant in New York, weil wir uns gerade beide beruflich in der Stadt aufhielten. Ich verstand, warum sie unser Gespräch mit der Frage eröffnete, was mit mir passiert sei.

»Dein Leben ist so anders als damals. *Du* bist so anders«, sagte sie. Sie dachte laut darüber nach, was sich da verändert hatte: Heute hatte ich einen Job als Moderatorin bei einem landesweiten Radiosender und meine Talkshow wurde an jedem Werktag ausgestrahlt. Das war auch der Grund, warum ich nach New York gekommen war. Ich hatte die Gelegenheit, jemanden zu interviewen, den ich schon seit Jahren bewunderte, also war ich persönlich angereist. Fans meiner Radiosendung luden mich oft zu Vorträgen ein, was es mir ermöglichte, faszinierende Menschen im ganzen Land kennenzulernen. Ich hatte mir meinen Kindheitstraum erfüllt und war Autorin geworden. Seit Kurzem war ich außerdem als Stand-up-Comedienne tätig. Demnächst würde ich mit einem Programm auf Tournee gehen, das mein Mann und ich selbst geschrieben hatten. Die Kinder waren davon noch begeisterter als ich, weil sie oft mitreisen durften.

Ach ja, und es waren mehr Kinder. Inzwischen hatten wir sechs.

Am ausschlaggebendsten war jedoch das, was sich in meiner Mentalität verändert hatte: Ich fühlte mich kraftvoll statt kraftlos. Natürlich hatte ich weiterhin schlechte Tage – gar nicht mal selten – und nach wie vor war ich in vielen Bereichen alles andere als erfolgreich. In einer Ecke in meinem Wohnzimmer lagen immer noch schlecht frisierte Puppen. Doch trotz der schwierigen Zeiten und dem gelegentlichen Alltagsfrust spürte ich innerlich eine tiefe Zufriedenheit. Ich wachte jeden Morgen mit dem Gefühl auf, ein sinnvolles Leben zu führen. Es war das Leben, für das ich bestimmt war, und ich konnte das bewirken, was ich bewirken sollte.

»Du bist eine Mutter, die in der Vorstadt lebt und einen Minivan fährt. Eigentlich müsstest du eine total langweilige Person sein«, sagte meine Freundin mit einem Lächeln. »Und doch scheinst du dein Leben mehr zu genießen als alle, die ich sonst so kenne.« Sie dachte einen Moment lang nach und fügte dann hinzu: »Wie es scheint, ist bei dir an einem ganz bestimmten Punkt etwas lebendig geworden.«

»Etwas ist in dir lebendig geworden.«

Meine Freundin war in ihrem eigenen Leben an einem Tiefpunkt angelangt und suchte Rat. Sie wollte die gleiche Verwandlung erleben, wie ich sie erfahren hatte.

Diese Art von Gespräch führte ich nicht zum ersten Mal. Seit Jahren füllten sich mein Posteingang und meine Mailbox mit ähnlichen Anfragen. Die Formulierungen waren unterschiedlich, doch letztendlich lief es immer auf dieselbe Frage hinaus: *Wie hast du es geschafft, deinen Träumen Raum zu geben, obwohl du ein so ausgefülltes Leben hast? Wie kann mir das auch gelingen?*

Die Antwort lautet: Ich habe das gefunden, was »Du hast da dieses Funkeln« in mir zur Gewissheit gemacht hat, und habe mir erlaubt, dieser Leidenschaft nachzugehen.

Oft habe ich mir gewünscht, ich könnte mit allen, die mir diese Frage gestellt haben, auf der Dachterrasse sitzen und ihnen bei einer Portion Pommes mit Guacamole alles erklären. Aber weil das nicht möglich ist, habe ich dieses Buch geschrieben.

Wenn du an einem Tiefpunkt angelangt bist …

Wenn du meinst, dich festgefahren zu haben …

Wenn du dir verloren vorkommst …

Wenn du das Gefühl hast, der Welt etwas geben zu können, was du aber bislang nie aus dir herausgelassen hast …

Wenn du dir unnütz vorkommst …

Wenn du dich fragst, ob deine besten Jahre schon hinter dir liegen …

Wenn du gern etwas verändern würdest, aber unsere hektische Kultur dich zu sehr erschöpft …

Wenn du dich kürzlich auch mit Traubensaft überschüttet und unzusammenhängendes Zeug gebrabbelt hast …

… dann hol dir einen Stuhl und setz dich zu mir. Lass uns reden.

Allerdings muss ich dich von vornherein warnen: Ich bin keine Motivationsrednerin. Wenn du erwartest, dass jemand dir einen aufrüttelnden Vortrag hält und dir sagt, dass du in jedem Bereich deines Lebens jeden Tag voll auf der Höhe sein solltest, dann bin ich dafür die falsche Person. Ich drücke praktisch jeden Morgen dreimal auf den Schlummer-Button. Als ich das letzte Mal im Fitnessstudio war, habe ich so getan, als müsste ich einen dringenden Anruf entgegennehmen, damit es nicht so peinlich war, dass ich das Laufband bereits nach sieben Minuten wieder verließ.

Ich bin auch kein Lifestyle-Guru. Kürzlich fuhr ich durch unsere Gegend und stellte fest, dass irgendjemand einen Haufen Müll mitten auf die Straße geworfen hatte. Einfach unverantwortlich! Als wir näher kamen, merkte ich, dass es *unser* Müll war. Eines der Kinder hatte anscheinend einen überflüssigen Schuh und ein paar zerrissene Bücher aus dem Fenster unseres Vans geworfen, als ich gerade nicht hinsah.

Eine Lebensberaterin bin ich genauso wenig. Wenn, dann wäre ich eine, die ihre Meetings in einer Bar abhält und ihre Weisheit aus all den Sendungen bezieht, die sie sich so anschaut.

Ich bin nur eine Frau, die sich durch all die Schuldgefühle und die Furcht hindurchgekämpft hat und durch die Meinungen anderer Leute, die mir sagten, wie ich leben sollte. Schlussendlich bin ich auf der anderen Seite herausgekommen und führe nun ein Leben, das mir gefällt. Damit du das auch tun kannst, möchte ich dir alles verraten, was ich darüber gelernt habe, wie's geht. Auch wenn du keine Großfamilie hast oder gar keine Kinder, kannst du dich auf den folgenden Seiten wiederfinden. Die Details meines Lebens in einem Haushalt mit acht Personen mögen dir nicht vertraut sein, wohl aber das, was mich zurückgehalten hat.

Meine Verwandlung begann, als ich da dieses Funkeln in mir entdeckte. Lass uns gemeinsam schauen, was genau das ist und wie du deins finden kannst.

2. Du hast da dieses Funkeln

Ich hatte gerade meinen zukünftigen Mann Joe kennengelernt, als ich den international bekannten Redner und Bestsellerautor Keith Ferrazzi traf. Er war mit Joe befreundet; später sollte er auch mein guter Freund werden und Joe und mich trauen. An jenem Tag aber war er für mich eine bekannte Persönlichkeit, die ich ehrfürchtig bewunderte. Ich wollte ihn mit meinem Humor und meiner Schlagfertigkeit beeindrucken. Als er erwähnte, dass er bald zu einem Renaissance Weekend fahre, antwortete ich begeistert: »Fürwahr, so möge Euch das Luftschiff sicher dorthin tragen. Auf eine erquickliche Zeit und köstliches Gerstengebräu!« Als ich ihn fragte, welches Kostüm er tragen werde, lächelte er höflich und ein wenig verwundert. Da beugte sich Joe zu mir herüber und erklärte mir, was ein Renaissance Weekend ist: eine exklusive Veranstaltung, bei der sich Top-Führungskräfte aus Wirtschaft und Politik treffen, um sich über globale Strategien auszutauschen. Und ich hatte an ein Festival gedacht, bei dem die Leute sich altertümlich verkleiden und frittiertes Gebäck essen.

Ich bin froh, dass Keith damals nicht aufstand und sich langsam, aber sicher von dieser offenbar verrückten Frau entfernte, denn später in diesem Gespräch sagte er das, was mein ganzes Denken und meine Lebenseinstellung in neue Bahnen lenkte.

Er sprach davon, wie dankbar er für sein Leben sei. Keith führte ein erfolgreiches Unternehmen und war zutiefst überzeugt von dem, was er tat. Führungskräfte aus aller Welt suchten seinen Rat. Er reiste auf dem ganzen Globus umher und besaß ein Netzwerk ganz verschiedener Menschen, die ihn tagtäglich inspirierten. Begeistert erzählte er, er habe das Gefühl, die Welt im Rahmen seiner Möglichkeiten zum Positiven verändern zu können, und das sei das Einzige, was für ihn wirklich zähle.

Je länger wir miteinander sprachen, desto mehr erkannte ich, wie ungewöhnlich dieses Gespräch eigentlich war. Wenn man Leute nach ihrem Leben fragt, dann machen sie allzu oft ein müdes Gesicht. Sie seufzen. Sie wünschen sich, ihre Situation wäre eine andere. Und am Ende zucken sie mit den Schultern, sagen, es sei schon in Ordnung so, und wechseln das Thema.

Nicht jedoch Keith. Er glühte vor Begeisterung, wenn er über sein Leben sprach.

»Was ist dein Geheimnis?«, fragte ich ihn.

Seine Antwort war der Beginn meiner inneren Wandlung: »Ich habe das gefunden, wofür ich brenne.«

Ich mag diesen Ausdruck. Sicherlich hatte ich solche und ähnliche Formulierungen schon oft gehört, aber nie mit der Leidenschaft, die bei Keith mitschwang. Als er mir erklärte, was dieses besondere Feuer, dieses persönliche Funkeln, für ihn bedeutete, machte es klick bei mir. Er sagte, man könne es unterschiedlich definieren, aber er betrachte das, wofür wir brennen, als den einzigartigen Beitrag, mit dem wir anderen etwas zurückgeben können – eine Leidenschaft, die in uns hineingelegt wurde und die Welt zu einem besseren Ort macht, wenn wir sie einsetzen.

Ich ging an diesem Abend nach Hause und bekam dieses Konzept nicht mehr aus dem Kopf. Ich fragte mich, wofür ich eigentlich brannte, und hatte das Gefühl, dass es alles verändern würde, es herauszufinden.

In den beinahe zwei Jahrzehnten, die seit dieser Begegnung mit Keith vergangen sind, ist das »Konzept des Funkelns« zu einem Kernelement meiner Weltsicht geworden. Jahrelang habe ich die Definition verfeinert, auf der Grundlage meiner eigenen Erfahrungen sowie von zahlreichen Gesprächen, die ich mit Freunden, Geistlichen und Fachleuten geführt habe, die Gäste meiner Radiosendung waren. Und so definiere ich dieses Funkeln:

Es ist etwas, was wir tun und wozu wir bestimmt sind, was uns mit Energie erfüllt und mehr Liebe in die Welt bringt.

Wir wollen uns nun jede dieser vier Komponenten genauer ansehen:

Dieses Funkeln ist etwas, was wir tun

Eine bestimmte Arbeit, die wir tun, kann unser Funkeln hervorrufen, wobei ich den Begriff *Arbeit* hier im weitesten Sinne verwende. Ich denke dabei nicht nur an bezahlte Jobs, auch wenn etliche Menschen ihr Funkeln im Beruf einsetzen können. Es kann sich dabei um etwas handeln, was wir fünfzig Minuten oder fünfzig Stunden pro Woche machen – der Zeitaufwand ist nicht der Punkt.

Ich sage vor allem deshalb Arbeit, weil ich das, wofür wir brennen, von unseren Rollen gegenüber anderen abgrenzen möchte. Eine Frau, die Kinder hat, könnte zum Beispiel sagen: »Mein Funkeln zeigt sich darin, dass ich es liebe, Mutter zu sein.« Das ist zwar ein schönes Empfinden, doch es hat mit dem persönlichen Funkeln genauso wenig zu tun wie Cousine oder Nichte zu sein. Das sind Rollen, die mit unseren Beziehungen zusammenhängen. Unser Funkeln jedoch ist etwas Schöpferisches, das wir und nur wir auf diese Art in die Welt bringen können. Ich möchte daher vorschlagen, dass wir die Rolle der Mutter (oder des Vaters oder irgendeine andere in einer engen Beziehung) als zu kostbar betrachten, um sie durch die Arbeit überlagern zu lassen, die mit ihr einhergeht. Man liebt seine Familie unabhängig von den Aufgaben, die man im gemeinsamen Haushalt hat und vielleicht eher mit gemischten Gefühlen erledigt.

Wenn Menschen aus meinem Freundeskreis sagen, ihr Funkeln sei ihr Mutter- oder Vatersein, dann wollen sie damit in erster Linie zum Ausdruck bringen, wie glücklich sie sind, Kinder zu haben. Doch wenn sie weiter darüber nachdenken, finden sie meistens heraus, dass es auch bestimmte Dinge im Zusammenhang mit ihrer Elternrolle gibt, die ihnen Freude machen – und dort findet sich ihr wahres Funkeln, das, wofür sie brennen. Wenn sie zwischen diesen Aufgaben und der Beziehung zu ihren Kindern zu unterscheiden lernen, hilft ihnen das, in allen Phasen ihres Lebens Erfüllung zu finden. Davon auszugehen, dass das Elternsein das persönliche Funkeln ist, kann dazu führen, dass man sich verloren vorkommt, wenn die Kinder erwachsen werden und das Haus verlassen. Erinnert man sich aber daran, dass die Organisation, als die Kinder klein waren, einem besonders viel Spaß gemacht hat, wird sich ein Weg finden, um diese Leidenschaft mit anderen Menschen zu teilen, wenn die Kinder ausgezogen sind.

Dieses Funkeln ist unsere Bestimmung

In ihrem Buch *The Path Made Clear* beschreibt die berühmte amerikanische Talkshow-Moderatorin Oprah Winfrey, wie sie in ihrer Anfangszeit als Co-Moderatorin einen Gast interviewte. Das Gespräch selbst, so sagt sie, sei nicht besonders glamourös gewesen, aber währenddessen hatte sie so ein Gefühl: »Es war, als würde ich innerlich leuchten, als sei ich zu mir selbst nach Hause gekommen. Als die Sendung vorüber war, spürte ich diese Erkenntnis tief in meinem Herzen, so stark, dass ich förmlich eine Gänsehaut bekam. Mein ganzer Körper sagte mir: Das ist genau das, was du tun sollst.«[1]

Interessant – nicht das, was sie tun *wollte*, sondern was sie tun *sollte*. Winfrey beschreibt das, was sie von diesem Zeitpunkt an tat, als eine »Berufung«, nicht als Job. Solche Worte verwenden wir, wenn es um unsere Bestimmung geht. Damit ein Mensch sich berufen fühlt, muss der Ruf von außen kommen. Wenn Oprah über ihre Arbeit spricht, dann als jemand, der verinnerlicht hat, dass er sich den Weg, den er geht, nicht ganz allein ausgesucht hat.

Mein Verständnis von unserem ureigenen Funkeln hat sich weiterentwickelt, seit ich zum ersten Mal darüber nachgedacht habe. Ich verstehe es heute aus geistlicher Perspektive. Als ich Keith damals im Piratenkostüm vor mir sah, war ich noch Atheistin – wie schon mein ganzes Leben davor. In den darauffolgenden Jahren begaben Joe und ich uns auf einen Weg, der uns beide zum christlichen Glauben hinführte. Diese Überzeugungen haben meine Sicht darauf, was es bedeutet, für eine Sache zu brennen, grundlegend beeinflusst.

Als ich Atheistin war, wusste ich, dass das Schreiben mein besonderes Funkeln war. Ich hatte mehrere Buchprojekte begonnen und wieder verworfen, doch keins davon schien zu irgendeinem Ziel zu führen. Diese Leidenschaft entzündete in meinem Leben nicht den Funken, so wie ich es erwartet hatte. Ich suchte bei mir selbst nach Antworten und wurde immer frustrierter, weil ich sie nicht finden konnte. Als ich zum Glauben gefunden hatte, bat ich Gott, mir zu zeigen, wofür ich bestimmt war, statt nur darüber nachzudenken, was ich persönlich gern tun wollte.

Ich fühlte mich dahin geführt, einen Blog zu starten. Auf einer kostenlosen Plattform richtete ich einen Account ein und fing an, humorvolle Geschichten über meinen neu gefundenen Glauben zu erzählen. Es war eine denkbar unscheinbare Berufung: Ich benutzte keine tollen Formatierungen und bloggte noch nicht einmal unter meinem echten Namen. Ich hatte ungefähr ein Dutzend regelmäßige Leser. Einmal ließ ich mich von jemandem, den ich nur unter der Bezeichnung SirMeowsAlot74 kannte, in eine tagelange hitzige philosophische Debatte verwickeln. Dennoch hatte ich das Gefühl, mit dieser Arbeit etwas Sinnvolles zu tun, auch wenn sie mir keinen eindrucksvollen Ruf oder Geld verschaffte.

Jahre später mündete dieser Blog in meinen ersten Buchvertrag, durch den ich dann die Leute kennenlernte, die mich für die Radioarbeit anstellten, und dies wiederum führte zur Stand-up-Comedy. Am Anfang hätte ich nie ahnen können, was dabei herauskommen würde. Ich hatte einfach nur das simple Gefühl, dass das Schreiben meiner Blogbeiträge in diesem Moment meine Bestimmung war. Es kam mir nicht so vor, als hätte ich mir diesen Plan selbst überlegt, eher so, als ob ich eine Landkarte entdeckte, die jemand anders für mich gezeichnet hatte.

Dieses Funkeln erfüllt uns mit Energie

An dem Tag, an dem meine Freundin mich wutentbrannt und mit Traubensaft bekleckert vorgefunden hatte, war ich komplett überfordert. Auch nur die einfachsten Dinge zu tun, um den Alltag mit drei Wickelkindern zu bewältigen, zehrte mich so aus, dass ich die meiste Zeit über völlig energielos war. Als ich das erste Mal den Impuls verspürte, den Blog zu starten, zögerte ich. Ich glaubte an die verbreitete Einschätzung, dass viel beschäftigte Leute, vor allem Mütter mit kleinen Kindern, sich keine Extraarbeit aufhalsen, sondern ihre Kräfte lieber schonen sollten.

Eine simple Erkenntnis mit großem Aha-Effekt änderte für mich in diesem Punkt sehr viel: Mein Funkeln raubte mir gar keine Energie, sondern ganz im Gegenteil – es verlieh mir neue.

Wenn ich mir die Zeit zum Schreiben nahm, war das, als hätte ich eine Koffeintablette genommen. Ich erhielt einen solchen Schub an Inspiration und Freude, dass beides für den Rest des Tages anhielt. Die Kinder bemerkten, dass ich mehr lächelte. Joe stellte fest, dass da auf einmal eine fröhliche Gesprächspartnerin war, wenn er nach Hause kam, statt der Frau, die verzweifelt die Hände in die Luft warf, »Ich bin völlig erledigt!« rief und ins obere Stockwerk verschwand, sobald er zur Tür hereintrat.

Mir wurde klar, dass ich nicht bloß mir, sondern auch meiner Familie einen Gefallen tat, indem ich mir für diese Arbeit Zeit nahm.

Das ist der erste Hinweis, dass du tatsächlich auf das gestoßen bist, wofür dein Herz schlägt: Es lässt dich lebendig werden. Wenn du diese Arbeit tust, hast du mehr Energie, als wenn du sie nicht tust. Du bist wie ein Schiff, dessen Segel sich im Wind aufblähen, sobald es die richtige Route gefunden hat.

Dieses Funkeln bringt mehr Liebe in die Welt

Ein weiteres Kennzeichen unseres Funkelns besteht darin, dass es die Welt heller – das heißt, in irgendeiner Weise zu einem besseren Ort – macht. Es kann nichts sein, was nur uns selbst dient. Leider ist also eine Pediküre nicht das, wofür wir brennen. Anders aber ist es, wenn wir zum Beispiel unsere ältere Nachbarin zu einer Pediküre einladen. Wir nutzen unser Können, um ihr ein himmlisches Fußgefühl zu bereiten, und führen ihr geduldig Nagellackfarben vor, bis sie eine findet, die ihr gefällt. Das kommt dem, was ich als Funkeln bezeichnen würde, schon näher.

Doch lassen wir uns durch so erhabene Worte wie *Liebe* nicht einschüchtern. Kürzlich hatte ich einen Comedy-Auftritt, bei dem ich mir vorstellte, die Jungs von *Fast and Furious* wären in Minivans unterwegs. Die Bühne befand sich im Seitenraum einer Brauerei und so war mein Publikum nicht besonders zahlreich. Also nicht zu vergleichen mit einem Konzert von Yo-Yo Ma, der die Musik von Johann Sebastian Bach in der Carnegie Hall zu neuem Leben erweckt. Und doch: Als ich sah, wie sich die Gesichter beim Lachen aufhellten, wusste ich, dass ich genau diesen Menschen an diesem Abend auf diese Weise meine Liebe zeigen sollte. Es war ein perfekter Funkelmoment.

Als Christin bin ich überzeugt, dass Gott die Quelle aller Liebe ist, und darum gefällt mir der Gedanke, mit meinem einzigartigen Funkeln etwas von Gott mit dieser Welt zu teilen. Ganz gleich, ob du ähnliche Glaubensüberzeugungen hast wie ich oder nicht: Du wirst merken, dass das, wofür du brennst, ein schöner Weg ist, wie du die Welt lieben kannst – um dich von ihr zurücklieben zu lassen.

3. Du kannst dieses Funkeln selbst sehen

Bei unserem Gespräch auf der Dachterrasse bat meine Freundin mich, ihr die Schritte aufzuzeigen, mit denen sie ihr eigenes Funkeln entdecken konnte. Ich flitzte zur Theke und kehrte mit sieben Cocktail-Servietten zurück. Dann bat ich sie, einen Stift herauszuholen, und kündigte an, ihr nun eine Reihe von Fragen zu stellen. Ich versprach ihr, dass am Ende etwas, wofür sie nur so funkelte, auf einer der Servietten stehen würde.

Bevor wir anfingen, sagte ich ihr, dass sie eines unbedingt beachten sollte, und darum möchte ich dich heute auch bitten: Lass die negativen Gedanken weg.

Was machst du, wenn du auf einem Städtetrip bist, aber eine Menge Gepäck dabeihast, weil du schon aus dem Hotel auschecken musstest? Klar: Du lässt deine Koffer an der Rezeption stehen, damit du noch mal unbeschwert auf Entdeckungsreise gehen kannst. Dasselbe solltest du mit all den negativen Gedanken machen, die du bisher immer mit dir herumgeschleppt hast, zum Beispiel:

Ich bezweifle, dass ich wirklich so was wie ein Funkeln habe.
Dieses ganze Konzept hört sich für mich viel zu enthusiastisch an.
Vielleicht hatte ich mal ein solches Funkeln, aber diese Zeiten sind vorbei.
Selbst wenn ich es hätte, wäre es wahrscheinlich viel zu schwach ausgeprägt.
Egal ob mit oder ohne Funkeln – mein Leben wird sich sowieso nicht ändern.

Pack all diese Gedanken in deine Reisetasche und gib sie an der Rezeption ab. Lies dieses Kapitel mit Neugier, als würdest du eine exotische Gegend erkunden.

Nur nebenbei bemerkt: Ich weiß, wie schwierig das ist. Auch ich neige oft dazu, mich auf das Negative zu konzentrieren. Mehrmals pro Woche liege ich nachts wach und liste innerlich alles auf, wo ich in meinen Augen versagt habe. Und davor habe ich mich bereits ausgiebig mit dem Gedanken beschäftigt, dass ich generell im Vergleich zu jedem anderen Menschen auf diesem Planeten eine Vollkatastrophe bin. Dazu kommt mein Pessimismus. Als ich mit meinen Kindern im Kino *Mary Poppins* anschaute, bekamen alle Leute um mich herum leuchtende Augen, als die vertrauten Klänge von *Chim-Chim-Cheri* den Saal erfüllten. Ich aber dachte darüber nach, wie ich mich aufregen würde, wenn ein Babysitter meine Kinder ohne meine Erlaubnis zum Tanzen mit einem Schornsteinfeger aufs Dach mitnehmen würde. Das Publikum machte *Ooh* und *Aah*, als die Kinder im Film mit rußgeschwärzten Gesichtern herumhüpften. Mir ging jedoch nur eins durch den Kopf: *Diesen Dreck wieder abzubekommen, dauert ewig.*

Selbst meine Motivationsbotschaften haben einen pessimistischen Unterton. Ich kenne Leute, die das berühmte Zitat inspiriert: »Ziele nach dem Mond. Selbst wenn du ihn verfehlst, wirst du zwischen den Sternen landen.« Ich habe eine Version gefunden, die viel mehr meinem Stil entspricht. Auf meinem Schreibtisch steht daher eine Karte mit der Aufschrift: »Ziele nach dem Mond. Wenn du ihn verfehlst, wirst du im Weltraum landen, wo niemand deine Schreie hört.«

Es stimmt also: Ich tendiere dazu, pessimistisch und zynisch zu sein.

Für Leute wie mich gehört es zu den furchterregendsten Dingen, diese negative Einstellung loszulassen. Sie ist nämlich wie ein Schutzschild. Wir verstecken uns dahinter. Wir sind zwar bereit, die verrücktesten Dinge zu tun – es kann sogar sein, dass wir dafür bekannt sind – , aber es gibt *ein* Risiko, das wir niemals eingehen würden. Diese eine Sache flößt uns so viel Furcht ein, dass wir sie nicht einmal einen Moment lang in Betracht ziehen würden: den Schutzschild herunterzunehmen, uns für die Hoffnung und somit auch für die Enttäuschung zu öffnen.

Ich bitte dich also hiermit, das Wagnis der Naivität einzugehen. Trau dich, die schlichte, kindliche Hoffnung zu haben, dass dein Leben sich ändern kann, dass du dabei bist, etwas an dir zu entdecken, das durch und durch einzigartig ist.

Hol dir einen Stift und sieben Servietten

Nun kommen die Fragen. Schreib die Antworten auf, ohne lange zu überlegen. Nimm dir für jede Frage drei Minuten Zeit. Stell dir einen Timer und hör nicht auf zu schreiben, bis die Zeit abgelaufen ist. Oberflächlich betrachtet scheinen die Fragen einfach, aber wenn du ähnlich gestrickt bist wie ich, nehmen sie dich rasch mit bis zum Kern deiner Unsicherheiten und Ängste. Es kann leicht passieren, dass man sich dabei festfährt. Vielleicht möchtest du am liebsten davonlaufen. Plötzlich willst du viel lieber deine Social-Media-Accounts checken oder nachschauen, ob du neue Mails im Postfach hast. Dir fällt ein, dass du dich noch für die Vase bedanken musst, die du zur Hochzeit bekommen hast. Vor zwölf Jahren. Du fragst dich, ob du das Katzenklo das letzte Mal auch wirklich gründlich gereinigt hast, und hast mit einem Mal das Gefühl, dass du das genau jetzt machen müsstest.

Ignoriere all das und schreib weiter, bis die drei Minuten um sind.

Du kannst deine Antworten auf die sieben Fragen auf Servietten schreiben, wie meine Freundin es getan hat, oder du benutzt Papier oder eine Notiz-App. Egal, wie du es machst, du solltest die Antworten auf jeden Fall aufschreiben, statt nur über sie nachzudenken. Aber sei dabei nicht allzu perfektionistisch. Ich

bin der Typ Mensch, der eine Übung wie diese erst dann durch-
führt, wenn er ein schönes Notizbuch mit einem passenden
Füller dazu bestellt, die vollkommene Haltung am Schreibtisch
eingenommen und einen frisch gekochten Kaffee vor sich stehen
hat. Und wenn ich all diese idealen Umstände nicht arrangieren
kann, tue ich gar nichts. Lass dich nicht auf die Art ausbremsen.
Fang einfach an!

Diese Übung soll dir Spaß machen. Du kannst sie beim Brunch
mit anderen zusammen durchführen oder, falls du in einer Beziehung bist, als Paarübung. Stellt den Countdown für eure Antworten und sprecht hinterher darüber. Oder du machst es allein
für dich. Denk nur daran, deine Selbstvorwürfe und Zweifel auf
stumm zu stellen und einfach ein bisschen Spaß zu haben.

Los geht's:

1. **Schreib auf, bei welchen Gelegenheiten du dich wirklich
   lebendig gefühlt hast. (3 min)**
   Selbst wenn es nur ein paar Sekunden gewesen sind, zählt
   das. Erinnere dich an Augenblicke, in denen du Frieden,
   Freiheit und Freude empfunden hast. Beginne mit deinen
   Kindheitserinnerungen und geh dein Gedächtnis bis heute
   durch. Was hast du in den Zeiten gemacht, in denen du
   dich so glücklich und frei gefühlt hast?

2. **Was tust du unheimlich gern, andere aber gar nicht?
   (3 min)**
   Schreib auf, was dir richtig Spaß gemacht hat, während jemand, den du kennst, meinte, das wäre gar nichts für ihn.
   Notiere außerdem, ob du dich irgendwann einmal über
   eine andere Person, die bei ihrer Arbeit ziemlich unglücklich war, gewundert hast, weil du diese Aufgaben gern
   übernommen hättest.

3. Wobei konntest du anderen schon helfen? (3 min)

Auf welche Weise hast du im Leben von anderen schon etwas Gutes bewirkt, selbst wenn es nur eine Kleinigkeit war? Wenn du darüber nachdenkst, wie und wo du Einfluss nehmen und einen positiven Unterschied machen könntest – welche Möglichkeiten fallen dir ein?

4. Was hast du gern gemacht, als du noch ein Kind warst? (3 min)

Halte alles fest, selbst wenn du nicht weißt, wie du es auf dein Erwachsenenleben übertragen könntest.

5. Wen bewunderst du? Was tut diese Person? (3 min)

Fang bei den Menschen an, die in deiner Kindheit und Teenagerzeit deine Idole waren, und geh gedanklich alle durch, die du bis heute bewunderst. Das können bekannte Persönlichkeiten sein oder Leute aus deiner Nachbarschaft. Es muss dabei nicht unbedingt um Berufliches gehen. Was bringen sie in die Welt, wofür du sie feierst?

6. Wen beneidest du? Was tut diese Person? (3 min)

Wenn deine ehrliche Antwort lautet, dass dir hier niemand einfällt, dann kannst du dir selbst auf die Schulter klopfen. Du bist einfach bewundernswert, und das meine ich ganz aufrichtig. Der Rest von uns wird hier mindestens zwei Personen auf der Liste haben. Ob es sich dabei um Berühmtheiten handelt oder um Leute, die du persönlich kennst – es sollten auf jeden Fall Menschen sein, bei denen du dir schon mal gedacht hast: »Wenn ich doch nur dieses Leben hätte!« Und dann geh noch ein wenig mehr in die Tiefe. Worum genau beneidest du sie?

Denk an diejenigen, die bei dir nicht so gut ankommen, weil – wenn du ehrlich zu dir selbst bist – Neid im Spiel ist. Gibt es jemanden, bei dessen Erfolg du nur genervt die Augen verdrehst? Wer regt dich auf und bringt vielleicht sogar deine schlechteste Seite zum Vorschein? Wenn wir unseren Ärger über andere näher betrachten, lernen wir oft etwas Wichtiges über uns selbst. Vielleicht findest du heraus, dass deine Abneigung gegen diese Person gar nichts mit ihr zu tun hat. Was du an ihr nicht magst, ist, dass sie ihr Funkeln lebt und du dich danach sehnst, dein eigenes im gleichen Bereich auszuleben.

7. **Für welche negativen Eigenschaften machst du dir Vorwürfe? Haben sie auch etwas Gutes? (3 min)**
   Schreib auf, was du an dir selbst nicht magst. Direkt daneben solltest du dann die positive Kehrseite dieser Eigenschaften notieren. Wenn du zum Beispiel glaubst, faul zu sein, dann überleg mal, ob du nicht einen beruhigenden Einfluss auf dauergestresste Menschen in deinem Umfeld hast. Wenn du dich selbst für einen Workaholic hältst, dann mach dir klar, dass du mit diesem starken Antrieb – zumindest, wenn er sich in gesunden Grenzen hält – Aufgaben bewältigen kannst, mit denen andere überfordert wären. Wenn du an dir kritisierst, dass du kein Durchhaltevermögen hast und Projekte bei dir immer unvollendet bleiben, solltest du darüber nachdenken, ob du nicht eher der visionäre Typ bist, der Dinge in Gang setzt, aber die Details lieber anderen überlassen sollte. Schreib all diese Gedanken auf.

Dein Funkeln steht irgendwo auf diesen Servietten, Zetteln oder in deinen Notizeinträgen. Lies dir deine Antworten noch einmal durch und achte dabei auf Muster. Such nach einer Fähigkeit oder einem Thema, das mehr als einmal auftaucht. Lassen sich Oberkategorien bilden, die zu vielen deiner Antworten passen? Wenn zum Beispiel Gartenarbeit, das Einmachen von Obst und Gemüse und das Dekorieren von Plätzchen auf der Liste stehen, wäre es vielleicht das Feld »mit Lebensmitteln arbeiten«.

Nimm dir einen Augenblick Zeit, um zu sammeln, was du aus all dem, was du aufgeschrieben hast, schließen kannst. Dabei solltest du keine deiner Antworten als dumm oder unwichtig abtun.

Wenn ich diese Übung machen würde und total ehrlich wäre, dann würde eine meiner Antworten auf Frage 4 (»Was hast du gern gemacht, als du noch ein Kind warst?«) lauten, dass ich gern Telefonstreiche spielte. Das hört sich sicher lächerlich an und wirft kein besonders schmeichelhaftes Licht auf mich, aber es kommt dem am nächsten, was in der fünften Klasse mein Funkeln war. Meine Stimme hörte sich älter an und so konnte ich mich am Telefon als Erwachsene ausgeben. Damals gab es ja außerdem noch keine Telefone mit Display, auf denen die anrufende Nummer zu lesen war. In der Grundschule war ich für mein Talent fast schon berühmt. Um dem Klassenbösewicht einen Streich zu spielen, weil er meine beste Freundin geärgert hatte, rief ich einmal seine Eltern an und sagte, ich sei Mitarbeiterin im Kundendienst von *Sports Illustrated* und wolle hiermit das lebenslange Abonnement bestätigen, das ihr Sohn für das Bademoden-Heft abgeschlossen habe.

Das ist die Art von Kindheitserinnerungen, die man am liebsten nicht auf seine Brainstorming-Serviette schreiben würde (und die man definitiv nicht in einem Buch erwähnen sollte). Aber ich glaube, dass wir selbst aus den peinlichsten Antworten etwas lernen können – vielleicht sogar *gerade* aus ihnen. Heute erkenne ich an den Eskapaden meiner Kindheit, dass ich Humor und Unterhaltung liebte. Ich lief zur Höchstform auf, wenn ich mit unerwarteten Situationen umgehen musste. Mir gefiel die Herausforderung, schnell und kreativ reagieren zu müssen.

Mehr als alles andere liebte ich es, meine Stimme einzusetzen. Ich war immer etwas unbeholfen, wenn ich Menschen persönlich begegnete (und bin es auch heute noch). Das Telefon aber gab mir die Möglichkeit, mich ganz auf die Worte zu konzentrieren. Und so meine ich Folgendes absolut ernst: Wenn ich mehr darüber nachgedacht hätte, warum ich so gerne Telefonstreiche spielte, dann wäre ich vielleicht schon um einiges früher Radio-moderatorin geworden.

Probiere heute noch etwas aus!

Wenn du nach der Beantwortung der Fragen nicht sofort weißt, wofür du wirklich brennst, ist das ganz normal. Aber eins kann ich dir versichern: Du bekommst nicht mehr Klarheit, indem du länger darüber nachdenkst. Probieren geht über studieren – also leg los!

Viel zu oft reden wir uns das, wozu wir bestimmt sind, selbst aus, weil es in unserem Kopf nicht perfekt klingt. Wenn du siehst, dass auf deiner Serviette sowohl Autoreparatur als auch Unter-richten steht, du aber nicht weißt, welches von beidem heller fun-kelt – falls überhaupt eins dein Funkeln weckt –, dann solltest du aktiv werden. Wenn du an Gott glaubst, dann sprich ein kur-zes Gebet – bitte darum, den richtigen Weg zu finden, und dann mach dich auf. Frag in deinem Umfeld herum, ob jemand auf ei-nem dieser Gebiete Hilfe braucht. Ruf vielleicht sogar Hilfsorga-nisationen an, die jemanden mit diesen Fähigkeiten gebrauchen könnten, und biete deine Unterstützung an. Ich kann dir beinahe garantieren, dass sich Türen öffnen werden und du herausfindest, was für dich dran ist.

Um an das anzuknüpfen, was wir im letzten Kapitel besprochen haben, könnte man sagen: Du erkennst dein Funkeln an folgen-den Kriterien:

- Es fühlt sich so an, als ob du es tun solltest.
- Es schenkt dir Energie.
- Es hilft anderen Menschen.

Dieses Funkeln kann mit der Zeit stärker werden oder sich zu etwas anderem hin verändern. Das ist sogar sehr wahrscheinlich. Vielleicht fängst du damit an, dass du einer Familie in deiner Nachbarschaft bei der Autoreparatur hilfst, und stellst mittendrin fest, dass deren Kinder sich für das interessieren, was du tust. Das Ganze endet damit, dass du ihnen beibringst, wie man einen Ölwechsel macht, und so zwei Dinge, für die du brennst, miteinander kombinierst. Wichtig ist nur, dass du den kleinen Funken folgst, die gerade jetzt in deinem Leben aufleuchten, und dich ohne Furcht dem öffnest, wohin sie dich führen.

Wenn du dich aufmachst, um dein Funkeln zu finden, wirst du merken, dass es bereits da ist und nur darauf wartet, nicht mehr verborgen zu sein. Aber du wirst vielleicht ein bisschen graben müssen. Bei vielen von uns ist das, wofür wir brennen, unter einer lebenslang angehäuften Schicht von Ängsten, Zweifeln und Verzögerungen verschüttet.

Darum werden wir als Nächstes genau darüber sprechen: über die Hindernisse, die uns davon abhalten, das zu finden und zu nutzen, wofür unser Herz schlägt, und über die Frage, wie wir diese Hindernisse aus dem Weg räumen können.

4. Du bist alles andere als egoistisch

Springen wir über das erste Hindernis, das dir wahrscheinlich begegnet, wenn du dich aufmachst, um dein Funkeln einzusetzen: das Gefühl, egoistisch zu handeln.

Wenn du die Aufgabe(n) gefunden hast, für die du bestimmt bist, wird sich das so gut anfühlen, dass du meinst, eigentlich müssten alle das unbedingt tun wollen. Vielleicht gehst du sogar davon aus, dass man sich regelrecht beherrschen müsste, um es nicht zu tun.

Der Gedanke an Stand-up-Comedy kam mir beim ersten Mal ganz plötzlich in den Sinn. Jahre zuvor, als ich entdeckte, dass Schreiben und Radiomoderation mein Funkeln hervorlockten, stellte sich diese Erkenntnis eher allmählich ein. Es war wie eine Aneinanderreihung von vielen kleinen Momenten der Inspiration. Meine Leidenschaft für Stand-up-Comedy jedoch überfiel mich förmlich. Gerade hatte ich ein Buch veröffentlicht und meine Radiosendung lief gut. Aber ich fühlte mich dennoch wie festgefahren. Ich hatte den starken Eindruck, dass ich einen neuen Weg einschlagen sollte. So ging es mir schon seit Monaten, aber ich fand einfach nicht heraus, was es war. Das Gefühl, mich in einer Art kosmischem Wartezimmer zu befinden, unbedingt loslegen zu wollen, aber nicht zu wissen, in welche Richtung, zehrte an meinen Kräften.

Eines Nachts hatte ich eine Krise. Es war zwei Uhr morgens und ich saß im Bett, starrte in die Dunkelheit und fragte mich, ob ich mich schon jemals so verloren gefühlt hatte. Meine Gedanken wurden von einem Donner unterbrochen, der so heftig war, dass die Vibrationen meinen Stift vom Nachttisch herunterfegten. Es war eines der schwersten Gewitter in unserer Gegend seit Jahren. Die Blitze flackerten rasch hintereinander auf und der Wind war so stürmisch, dass am nächsten Morgen die Straßen mit Zaunteilen und Ästen übersät waren.

Mitten in diesem Unwetter ging ich nach draußen. Ich weiß nicht mehr, warum ich das tat. Vielleicht wollte ein Teil von mir dieses außergewöhnliche Wetterereignis im Freien betrachten und ein anderer Teil hatte das Gefühl, dass das Chaos außerhalb des Hauses genau zu meinem inneren Chaos passte. Auf Zehenspitzen betrat ich die Frontveranda und kämpfte gegen den Wind, um die Haustür wieder zu schließen. Der Regen schlug mir ins Gesicht, obwohl ich mich noch unter dem Dach befand. Über mir zuckten die Blitze. Ich bat Gott inständig, mir die Richtung zu weisen. Ich fragte ihn, was ich als Nächstes tun sollte. Und wenn er das nicht tat, sollte er mir doch dieses nagende Gefühl nehmen, zu etwas anderem bestimmt zu sein. Ich schloss die Augen und wartete auf irgendeine Art Antwort. Da schlug der Blitz nur einen halben Wohnblock entfernt ein und ich rannte ins Haus zurück. Mir war klar geworden, dass Gott dieses Gebet genauso gut beantworten konnte, wenn ich bequem in meinem Bett lag.

Am nächsten Tag, nach meiner Radiosendung, hatte ich es schon ganz vergessen. Ich saß an meinem Schreibtisch und ordnete meine To-do-Liste neu (okay, ich war auch auf Twitter). Wie aus dem Nichts erhielt ich diese Botschaft: *Stand-up-Comedy. Tu es. Jetzt.*

Ich hörte nicht buchstäblich die Stimme Gottes, aber es war nah dran. Die Botschaft war kristallklar und kam nicht aus mir selbst heraus.

Diese Geschichte erzähle ich aus zwei Gründen nicht so gern. Erstens klingt sie für weniger religiöse Menschen ziemlich verrückt. Und zweitens sind die Leute, die mich für meine Stand-up-Comedy-Tournee engagiert haben, vielleicht nicht so begeistert, wenn sie hören, dass mein Geschäftsplan auf einem

»Ich habe eine Stimme gehört« basiert. Bei den meisten ist das außerdem nicht der Weg, wie sie das entdecken, wofür sie brennen. In der Vergangenheit war es bei mir wie gesagt auch nicht so gewesen.

Dein Funkeln fühlt sich wie Freizeit an

Obwohl ich voll und ganz davon überzeugt war, dass die Nachricht von Gott kam und dass es sich hier um etwas handelte, das ich tun sollte, hätte ich es um ein Haar nicht getan. Warum? Weil es mir so vorkam, als würde ich mich damit nur selbst verwirklichen.

Ich mochte Stand-up-Comedy schon immer. Als ich das Schreiben für mich entdeckte, war der Humor eins der Hauptmerkmale meiner Texte. Meine Arbeiten wurden in Satire-Zeitschriften veröffentlicht. Von Anfang an hatte ich ganz klar den Wunsch, einen positiven Einfluss auf die Welt zu haben, und ich wusste, dass dieser darin bestehen würde, andere mit meinen Worten zum Lachen zu bringen. Das ließ sich sogar schon aus meiner früheren Begeisterung für Telefonstreiche erahnen. Stand-up-Comedyshows entspannten mich. Ich verschlang die Bücher bekannter Comedians. Also war es für mich geradezu selbstverständlich, dass ich das auch gern machen wollte. Ich glaubte, dass praktisch jeder Mensch auf der Welt den Wunsch hatte, auf der Bühne vor zahlreichen Leuten aufzutreten und sie zu belustigen. Als ich einer Freundin gegenüber davon schwärmte, rüttelte ihre Reaktion mich ziemlich auf: »Ich kann mir nichts Schlimmeres vorstellen!«

Das überraschte mich. »Wie bitte? Das hört sich für dich nicht cool an? Man denkt sich Witze mit genialen Pointen aus, greift zum Mikrofon und achtet darauf, an welchen Stellen die Leute nicht gelacht haben …« Je genauer ich ihr das Szenario beschrieb, desto mehr verzog sie das Gesicht, als würde ich eine grauenvolle medizinische Prozedur schildern. Dann fiel mir etwas ein, was ich vor langer Zeit gehört, aber wieder vergessen hatte: Deine wahre Leidenschaft ist für dich oft unsichtbar, weil du davon ausgehst, dass jeder genau das tun möchte.

Das erste Mal begriff ich diesen Zusammenhang, als ich Angie Neumann in meiner Radiosendung interviewte. Sie arbeitet für das Catherine of Siena Institute, eine christliche Organisation, die Menschen dabei hilft, ihre von Gott geschenkten Gaben zu entdecken. Angie erzählte mir die Geschichte einer Frau, mit der sie sich unterhalten hatte und die eine besondere Gabe der Gastfreundschaft zu haben schien. Nennen wir sie Karen. Karen glaubte nicht, dass es auf diesem Gebiet in ihrem Leben irgendetwas Bemerkenswertes gab, also bat Angie sie, ihr zu beschreiben, wie sie Gastfreundschaft konkret lebte.

»Ich gebe nicht viele Partys«, meinte Karen, »aber ich lade gern Menschen zu mir nach Hause ein.« Dann berichtete sie, wie eine Familie, die sie kannte, vor zwölf Jahren in finanzielle Not geraten war. Karen bot ihnen an, bei ihr im Erdgeschoss einzuziehen. Sie erwähnte, wie diese Erfahrung sie mit Freude und Energie erfüllt hatte und wie dankbar die Familie ihr gewesen war.

Angie machte sich ein paar Notizen und stellte dann eine weitere Frage: »Wie lange wohnte die Familie bei Ihnen?«

»Oh«, antwortete Karen beiläufig, »sie sind immer noch da.«

Ich fing laut an zu lachen, als ich das hörte. Das Erstaunliche an der Geschichte ist, dass Karen meinte, ihre Gastfreundschaft hätte nichts Funkelndes. Sie ging davon aus, dass jeder sich darüber freuen würde, eine Familie mehr als ein Jahrzehnt bei sich im Erdgeschoss wohnen zu lassen, also fand sie das, was sie tat, alles andere als weltbewegend. Angie sagte mir, sie begegne diesem Phänomen immer wieder: Unsere größten Gaben sind für uns selbst meistens kaum zu sehen, weil wir die ganze Welt durch die Brille dieser Leidenschaft betrachten. Sie könne Menschen, denen es so geht, am besten helfen, indem sie klarstellt: »Das ist nicht normal!«

Wenn es dich auch überrascht zu hören, dass das, was du der

Welt von dir gibst, etwas Besonderes ist, dann hast du sehr wahrscheinlich dein Funkeln gefunden.

Nicht alle wollen das tun

Weil ich nur in so wenigem richtig gut bin, habe ich oft gedacht, dass ich denen helfen kann, die ihr Funkeln nicht erkennen können. Ich habe bei mir selbst eine kleine Anzahl an Dingen entdeckt, für die ich Feuer und Flamme bin, und sie alle drehen sich um Kommunikation: schreiben, sprechen (als Radiomoderatorin und Rednerin) und Stand-up-Comedy. Ich habe keine weiteren Talente. Als Gott die Gaben verteilte, schenkte er mir diese und dann war er zu beschäftigt und vergaß, mir noch andere zu geben. Ich bin in meinem Element, wenn ich mit dem Mikrofon in der Hand auf der Bühne stehe oder im Studio sitze, aber sobald man mich woanders hinbringt, bin ich ein hoffnungsloser Fall.

Was nun folgt, ist eine Liste von Aktivitäten, die mich unglücklich machen. Sie könnte sicherlich noch um einiges ergänzt werden, denn ich habe hier einfach aufgeschrieben, was mir spontan eingefallen ist. Ich bin in alldem außerordentlich schlecht, und zwar so sehr, dass du dich wundern würdest, wenn du mich dabei beobachten könntest.

Worin Jen ganz schlecht ist (kein Anspruch auf Vollständigkeit):

- **Backen:** Es sollte ein »Meerjungfrau-am-Strand«-Kuchen werden, aber das Ergebnis war ein Monster in der Schleimgrube.
- **Camping:** Ich vermeide alles, was mich dem Sonnenlicht aussetzt.
- **Reinigen:** Sollten wir je unser Wohnzimmersofa der Heilsarmee spenden wollen, würden sie es in diesem Zustand nicht annehmen.

- **Kundendienst:** Ich wurde aufgrund einer kurzen, aber verhängnisvollen Episode als Angestellte bei einer großen Einzelhandelskette auf Lebenszeit aus dem Unternehmen verbannt.
- **Tanzen:** Im Vergleich zu mir ist Elaine aus *Seinfeld* (eine meiner Lieblingssitcoms) eine begnadete Tänzerin.
- **Wohngestaltung:** Meine Kinder tapezierten einmal den ganzen Eingangsbereich mit geschreddertem Papier und es dauerte eine ganze Woche, bis ich es bemerkte.
- **Mode:** Als ich mich einmal von einer Freundin beraten ließ, die Modedesignerin ist, kamen wir überein, dass es besser für alle wäre, wenn ich in Zukunft nur noch Schwarz trage.
- **Gastfreundschaft:** Ich erinnere mich nur sehr ungern daran, wie es war, als ich wichtigen Besuch erwartete und vergaß, den Topf fürs Toilettentraining meiner Kinder zu leeren.
- **Finanzplanung:** Ich bringe jeden Bankberater zur Verzweiflung.
- **Gartengestaltung:** Ein Nachbar dachte, unser Grundstück sei unbewohnt, dabei lebten wir schon ein Jahr dort.
- **Musik:** Meine einzige musikalische Begabung besteht darin, dass ich ein wenig beatboxen kann, wenn ich genug Wein getrunken habe.
- **Politik:** Letztes Jahr habe ich das Kapitol mit dem Weißen Haus verwechselt.
- **Filmrezensionen schreiben:** Spätestens nach 50 Minuten Film bin ich gelangweilt und scrolle auf Instagram herum.
- **Umgang mit Tieren:** Wenn nur ich da bin, heult unser Hund, als ob er allein zu Hause wäre. Anscheinend denkt er, ich sei eine Pflanze.
- **Umgang mit Vorschulkindern:** Richtig mit der Erziehung anfangen kann man doch eigentlich erst, wenn sie mindestens sechs Jahre alt sind, oder?

Für diese Liste habe ich weniger als fünf Minuten gebraucht. Und das ist nur die Spitze des Eisbergs, wenn es darum geht, was ich alles nicht kann. Ich hoffe, beim Lesen bist du auf irgendetwas gestoßen – oder würdest es, wenn du wüsstest, was noch alles dazukommt –, bei dem du dachtest: »Also, das hier macht doch richtig Spaß. Gibt es wirklich Leute, die das nicht mögen?«

Während meines ersten Semesters am College kam ich einmal in meine Wohnung und hörte, wie meine normalerweise ganz ruhige Mitbewohnerin ihren Computer anschrie. Sie stöhnte und schimpfte, wie unmöglich diese Aufgabe doch sei. Sie war eine angehende Bauingenieurin und so erkundigte ich mich neugierig, welches Projekt sie so zur Verzweiflung trieb. Sie antwortete im Tonfall von jemandem, der gerade zu unangenehmster Zwangsarbeit verurteilt worden war: »Es geht um meinen Kurs in Sportgeschichte. Ich soll einen einseitigen Aufsatz über meine Lieblingssportart schreiben!«

Damals kam es mir zum ersten Mal in den Sinn, dass es auf der Welt Menschen gibt, die nicht gern schreiben. Gerade waren die Frühjahrsferien vorüber, in denen ich mich in mein Zimmer zurückgezogen und just for fun einen Roman geschrieben hatte, und zwar vierzehn Stunden am Tag. Es fühlte sich für mich luxuriös, ja geradezu dekadent an. Als meine Mitbewohnerin sich jedoch wieder ihrem PC-Bildschirm zuwandte, schienen sie alle Lebensgeister zu verlassen. Da dämmerte mir allmählich, dass es vielleicht, ganz vielleicht Leute gibt, denen es keine große Freude bereitet, in einem abgedunkelten Raum zu sitzen und stundenlang zu tippen.

Eines meiner Lieblingszitate zu diesem Thema stammt von dem Unternehmer James Clear. In einem Podcast fordert er sein Publikum auf, sich die Frage zu stellen: »Auf welchem Gebiet komme ich mit der anstrengenden Seite meiner Aufgabe besser klar als die Leute in meinem Umfeld? Das Gebiet, auf dem du leidensfähiger bist – das ist die Aufgabe, zu der du berufen bist.«[2]

Das Gebiet, auf dem du leidensfähiger bist – das ist die Aufgabe, zu der du berufen bist.

Wenn wir unser Funkeln leuchten lassen, schenken wir der Welt etwas Neues und Schönes. Oft kommen wir gar nicht auf den Gedanken, dass dieses Neue und Schöne für andere sehr viel schwieriger zu erschaffen ist. Was uns wie eine belebende Herausforderung vorkommt, ist für andere Leute nichts als Plackerei. Wir müssen uns zwar auch anstrengen, während wir diese Aufgabe ausführen, aber wir merken es nicht, weil wir das gefunden haben, wofür wir brennen.

5. Du darfst ruhig verrückt wirken

Weißt du, wie man sicher sein kann, dass ein Mensch sein Funkeln gefunden hat? Seine Entscheidungen kommen Außenstehenden verrückt vor – und manchmal auch ihm selbst.

Kürzlich stieß ich auf ein Video, das eine Gruppe von Studierenden der Baylor University in Texas aufgenommen hatte. Sie interviewten eine erfolgreiche Absolventin ihrer Universität über deren Karriere. Während ich das Video anschaute, musste ich die ganze Zeit lächeln, weil die Ratschläge, die diese Frau gab, so ungewöhnlich waren. Jede große Entscheidung, die sie getroffen hatte, fußte auf ihrem Glauben. Das gesamte Video bestand aus einer Geschichte nach der anderen, wie sie nach der Bestimmung suchte, die Gott ihr gab, statt nur ihren eigenen Wünschen zu folgen.

Im Gebet wurde sie dazu inspiriert, ein Interieurgeschäft zu eröffnen. Sie war damit erfolgreich und sie liebte ihre Arbeit. Alles deutete klar darauf hin, dass sie darin ihr Funkeln gefunden hatte. Dann aber schien es ihr, als wolle Gott ihr ans Herz legen, den Laden wieder zu schließen. Auf dem Papier ergab das überhaupt keinen Sinn. Doch sie war mit ihrem zweiten Kind schwanger und anscheinend führte Gott sie dahin, ihre Gaben verstärkt in ihrer Familie einzusetzen. Also schloss sie den Laden. Von da an lenkte sie die Aufgaben, die sie so gern mochte, in eine andere Richtung, weil sie den Eindruck hatte, nun dazu bestimmt zu sein.

Ein paar Jahre später saß sie unter einem Baum in einem Garten in Arizona und erhielt die eindeutige Botschaft: »Es ist Zeit, den Laden wieder zu eröffnen.« Also tat sie es.

Ein Wirtschaftsanalyst würde wahrscheinlich ohnmächtig umfallen, wenn er dieses Interview hören würde. Ein Geschäft zu eröffnen oder zu schließen, weil man meint, die Stimme Gottes gehört zu haben? Das ist doch blanker Unsinn! Nach gängiger Auffassung hätte diese Baylor-Absolventin all ihre Entscheidungen auf der Grundlage von Kalkulationstabellen und definierten Zielen treffen müssen. Sie sollte ihr Leben allein unter Kontrolle haben und davon ausgehen, dass sie sich alle Antworten selbst geben konnte. Aber vielleicht können wir ja etwas daraus lernen, wie diese Frau ihre Karriere verfolgt hat, denn ihr Name ist Joanna Gaines und heute ist sie unter anderem durch die Renovierungsshow *Fixer Upper* mit ihrer Marke *Magnolia* international erfolgreich.

Es fühlt sich verrückt an

Wahrscheinlich hörst du nicht regelmäßig die Stimme Gottes, die dir genaue Anweisungen gibt. Bei mir jedenfalls passiert so etwas fast nie. Vielleicht bist du dem christlichen Glauben nicht so verbunden wie Jo und ich (ich nenne sie Jo, weil wir in meiner Fantasie beste Freundinnen sind). Wenn du aber dein Funkeln wirklich einsetzen willst, solltest du ein Gespür dafür haben, dass du nicht von dir aus alles bestimmen kannst. Du solltest bereit sein, dich auf Wege führen zu lassen, die sich richtig anfühlen, selbst wenn sie nach außen hin nicht nachvollziehbar scheinen.

Doch keine Sorge: Ich will dich hier nicht zum Leichtsinn verführen. Wenn man sich die Geschichte von Jo im Einzelnen anschaut, wird man feststellen, dass sie von Natur aus keine risikofreudige Person ist. Sie hatte sich in ihrer Fantasie viele Geschäftsideen ausgemalt, aber keine davon verwirklicht, weil sie zu viele Bedenken hatte. In einem späteren Interview mit der Zeitschrift *Business Insider* spricht sie darüber, wie wichtig es ist, einen detaillieren Geschäftsplan zu haben.[3] Sie ist also niemand, der sein Leben auf den Kopf stellt, ohne das vorher durchdacht zu haben, selbst wenn sie glaubt, dass Gott sie dazu berufen hat.

Aber Jo weiß auch, dass da mehr ist als das, was sie aus ihrer begrenzten Perspektive heraus wahrnehmen kann. Wenn sie nur Entscheidungen treffen würde, die auf ihren eigenen Überlegungen beruhen, könnte sie die Gelegenheiten verpassen, bei denen sie die Welt auf eine nie gekannte Weise verändern kann. Ein Beispiel: Als die Produzenten des Fernsehsenders HGTV auf Talentsuche gingen, wäre Jo wahrscheinlich nie mit ihnen in Kontakt und mit ihrem Mann Chip zu *Fixer Upper* gekommen, wenn sie nicht all den verrückten Wendungen und Biegungen gefolgt wäre, durch die Gott sie in den Jahren zuvor geführt hatte.

Wenn man sein Leben auf diese Weise lebt, kann das Furcht einflößend sein, selbst für Menschen mit einem tiefen Glauben. Es ist einfacher, den sicheren Weg zu nehmen, sich an die Alternativen zu halten, die in der Planung perfekt aussehen. Als Jo und Chip die Sendung nach vielen erfolgreichen Staffeln hinter sich ließen, gab Chip zu, wie schwer ihnen das fiel: »Wenn man am Pokertisch sitzt und all seine Chips eingesetzt hat, dann macht man sich schon Sorgen. Man hat Angst. Mache ich den richtigen Zug? Habe ich alle Möglichkeiten durchdacht? […] Wenn ich bei jedem Deal eine hundertprozentige Sicherheit erwarten würde, dann hätte ich buchstäblich null Deals gemacht.«[4]

Wenn wir unsere eigenen Pläne loslassen und, wie ich es von meinem Glauben her betrachte, uns von dem Einen, der uns unser Funkeln gegeben hat, sagen lassen, was wir tun sollen, so kann uns das anfangs Angst machen. Doch schließlich wird es auch bei uns so sein wie bei Chip und Jo: Wir werden immer besser darin werden, die nicht greifbaren Elemente unseres Entscheidungsprozesses zu erkennen. Wir verfeinern unser Bauchgefühl, die Stimme Gottes wird ein bisschen klarer. Und immer wieder erkennen wir im Rückblick: Die Entscheidungen, die im ersten Moment sonderbar erschienen, waren Teil eines Plans, der viel besser ist als alles, was wir uns hätten ausdenken können.

Funkle mutig!

Ist dir schon einmal aufgefallen, dass du mutiger bist, wenn du dich für jemand anderen einsetzt?

Während meines Studiums hatte ich das Glück, ein Praktikum bei einer Managerin machen zu dürfen, die ebenso kühn wie erfolgreich war. Sie leitete ihre Abteilung in einem Technologieunternehmen mit großer Präzision und war zudem eine einflussreiche Persönlichkeit an unserem Wohnort. Zu meinen Aufgaben gehörte es, die Anrufe zu übernehmen, die einige ihrer großen Aktivitäten in die Wege leiteten. Ich war auch diejenige, die sich beim Veranstalter eines Galadinners meldete, wo sie eine Auszeichnung erhalten sollte, und nach ein paar Extra-Eintrittskarten fragte – und das zwei Stunden vor Beginn! Manchmal fand ich, wenn ich an meinen Schreibtisch kam, eine handgeschriebene Notiz von ihr vor mit der Bitte, einem Händler mitzuteilen, dass sie ihre nächste Bestellung halbiere, weil ihr die Preise zu hoch seien.

Häufig kam es am Telefon zu Diskussionen. Ich bin ein Mensch, der nicht gerade gern Konflikte austrägt, aber in diesem Fall machte es mir nichts aus, denn es ging ja schließlich nicht um mich. Wenn irgendein Vorhaben scheiterte oder wegen Uneinigkeit endete, nahm ich es nicht persönlich, denn ich war ja nur die Botin.

Einmal war ein Geschäftspartner meiner Chefin so frustriert über eine ihrer Forderungen, dass er mir gegenüber laut wurde. Ich hatte die Füße auf dem Schreibtisch und den Kopf entspannt zurückgelegt. Seine Beschimpfungen wurden immer heftiger, aber meine Haltung änderte sich nicht.

Er beendete seine Vorwürfe mit der Frage: »Wie konnten Sie nur eine so dumme Entscheidung treffen?«

Obwohl ein einflussreicher Mann, der ungefähr doppelt so alt war wie ich, mir ein paar hitzige Bemerkungen an den Kopf warf, kratzte mich das nicht besonders. Ich zuckte nur mit den Schultern und fühlte mich ruhig und frei. »Sir, das war nicht meine Entscheidung. Ich bin nur die Praktikantin«, erwiderte ich.

Wer es richtig angeht, wenn er seinem Funkeln folgt, erlebt genau diese Freiheit.

Eine der größten Verwandlungen in diesem Punkt habe ich bei meinem Mann beobachten dürfen. Joe ist nicht der Typ, der gerne Risiken eingeht. Er ist von Beruf Wirtschaftsprüfer – ein Jurist. Solche Menschen fühlen sich in der Regel nicht besonders wohl bei Entscheidungen, die auf irgendetwas anderem beruhen als auf nackten Zahlen und den Ausdrucken sorgfältig berechneter Daten. Als ich ihn kennenlernte, ließ er sich nicht gern auf Vorhaben ein, die aus seiner Sicht nicht direkt auf Erfolgskurs waren. Irgendwie hege ich auch immer noch den Verdacht, dass er eine Kalkulationstabelle erstellt hat, die die Vor- und Nachteile aufzeigte, bevor er mir einen Heiratsantrag machte.

Im Lauf der Jahre freundete sich Joe allmählich mit dem Gedanken an, dass die Richtung, die unser Leben nimmt, nicht ganz und gar bei uns liegt, vor allem dann nicht, wenn es um das geht, wofür wir brennen. Vor nicht allzu langer Zeit, als wir die besagte Stand-up-Comedy-Tournee in Angriff nahmen, ging mir das Geld auf meinem Geschäftskonto aus. Wir allein schulterten die gesamte Tournee und ich hatte gedacht, ich hätte genügend Gelder für die ersten Investitionen angespart. Doch das war nicht der Fall.

An einem warmen Sommerabend nahm ich einen Gartenstuhl und setzte mich zu Joe auf die Veranda hinter unserem Haus. Ich gab ihm ein Update zur Situation. Für einen großen Veranstaltungsort wurden die Rechnungen für die Saalordner und die Versicherungen fällig und ich würde sie mit unserer privaten Kreditkarte bezahlen müssen. Dasselbe galt für die Miete zwei weiterer Theatersäle. Ich war nervös. Wenn ich für diese Veranstaltungen nicht genügend Tickets verkaufen konnte, würden wir in Schwierigkeiten geraten. Von diesem finanziellen Schlag würden wir uns lange nicht erholen.

Joe hatte den Gedanken, dass wir unsere Tournee selbst auf die Beine stellten, immer sehr unterstützt. Trotzdem machte ich mir Sorgen, dass diese Nachricht ihn umhauen könnte. Doch er meinte nur beiläufig: »Das wäre beängstigend, wenn es unser Geld wäre.«

Ich lachte erleichtert, aber auch ein wenig verwirrt. »Wie meinst du das? Es ist doch unser Geld!«

»Eigentlich nicht«, sagte er. »Es liegt alles bei Gott. Es ist seine Tour. Es ist sein Geld. Egal, ob dieses Projekt Erfolg hat oder scheitert, er sieht weiter als wir. Ich bin jedenfalls nach wie vor dabei.«

Joe hat an der Stanford University Wirtschaft studiert. Er wurde wie gesagt förmlich darauf trainiert, nur im Rahmen von sicheren Daten zu denken. Wenn seine ehemaligen Mitstudierenden ihn so reden gehört hätten, hätten sie wahrscheinlich gedacht, er stünde unter Drogen. Und natürlich war seine Äußerung auch ein bisschen augenzwinkernd gemeint. Wir hatten Monate damit zugebracht, einen Geschäftsplan aufzustellen, mit dem sich unserer Einschätzung nach irgendwann alles rechnen würde. Das trug zweifellos zu unserer scheinbar himmlischen Gelassenheit bei. Doch im Lauf der Jahre hat auch Joe für sich festgestellt, dass es sein Leben viel interessanter macht und ihn auch viel entspannter sein lässt, wenn er seinen Glauben in die großen Entscheidungen einfließen lässt.

An dem Abend, bevor die Tickets zum Verkauf freigegeben wurden, hatte ich Angst. Es hatte ja so ausgesehen, als ob wir diese Tour machen sollten. Wir hatten unser Bestes gegeben und denselben Mix angewandt wie Joanna und Chip Gaines bei ihren Geschäftsentscheidungen: Einerseits folgten wir dem Weg, den Gott uns zu führen schien, andererseits mischten wir aber auch eine Prise kühler, rationaler Analyse darunter. Wir arbeiteten mit ausgefeilten Finanzierungsplänen und hatten eine solide Strategie entwickelt. Aber was, wenn wir etwas vergessen hatten? Oder wenn das alles doch ein Riesenfehler war?

Als Chip gefragt wurde, ob er im Vorfeld eines großen Projektes manchmal Angst habe, antwortete er: »Immer. Wer etwas anderes behauptet, ist ein Lügner.«[5]

Du glaubst ja gar nicht, wie viel Angst ich hatte!

Am nächsten Morgen schaltete ich die Website für die Tour frei. Ich kündigte die Termine auf Instagram, auf Facebook und in meiner Radiosendung an. Als die Tickets tatsächlich angefordert wurden, weinte ich vor Erleichterung. Innerhalb einer Woche war bereits die Hälfte verkauft.

Natürlich tauchten auch noch andere Probleme auf. Es gab endlose logistische Schwierigkeiten, die gelöst werden mussten, damit jede Veranstaltung ein Erfolg wurde. Ich stand unter enormem Druck. Immerhin begab ich mich auf eine Tour, bei der ich nicht nur selbst auftrat, sondern die ich auch produzierte und bewarb – und das Ganze hing von meinem Versprechen ab, die Leute zum Lachen zu bringen. Wenn mir manchmal alles zu viel wurde, half es mir, bei klarem Verstand zu bleiben, indem ich mir Joes Denkweise aneignete: dass dies eine Sache war, die wir nicht nur tun *wollten*, sondern auch tun *sollten*. Ich nahm also wieder die Haltung ein, die ich auch damals hatte, als ich Aufträge von meiner Chefin entgegennahm. Ich zuckte mit den Schultern und sagte mir: *Ich bin im Grunde nur die Praktikantin.*

Erwarte große Überraschungen!

Dass Jim und Jeannie Gaffigan keine weiteren Staffeln ihrer Show mehr produzieren wollten, erfuhr ich durch eine Flut von Textnachrichten auf meinem Handy. Viele Leute wissen, dass ich mit Jeannie befreundet bin, und als die Nachricht publik wurde, fragten sie mich alle: »Komm schon, Jen, was ist der *wahre* Grund, dass die beiden nicht weitermachen?«

Es schien verrückt. Die ersten beiden Staffeln waren ein voller Erfolg gewesen. Die *Jim Gaffigan Show*, eine Sitcom, in der es um das Leben der Gaffigans ging und in der Jim selbst die Hauptrolle spielte, wurde sowohl von Fans als auch von Kritikern für ihren Humor gefeiert. Der Sender wollte die Show nicht einstellen. Als die Gaffigans nun bekannt gaben, dass es ihnen nicht richtig erschien, sie fortzusetzen, nahmen viele Leute an, dass sie entweder logen oder verrückt geworden waren. Es wurde spekuliert, sie hätten sich mit dem Produktionsunternehmen oder dem Personal zerstritten. Auf jeden Fall musste dem Ganzen doch irgendein interessanter persönlicher Skandal zugrunde liegen.

Nichts davon stimmte.

Kurz nach ihrer Ankündigung war Jeannie zu Gast in meiner Radiosendung. Ich arbeitete damals für das New Yorker Studio des Senders *Sirius XM*. Wir sprachen über Jeannies große Entscheidung. Jims Funkeln zeigt sich vor allem in der Comedy. Jeannie hat eine Leidenschaft für Produktion und das Schreiben. Sosehr die beiden ihre Arbeit in der TV-Show auch liebten, so hatten sie doch zunehmend den Eindruck, sie sollten ihre Talente auf andere Weise einsetzen. Außerdem gab es ganz praktische Gründe fürs Aufhören, wie zum Beispiel, mehr für ihre Kinder da sein zu können. Doch in erster Linie beruhte ihre Entscheidung auf dem Eindruck, dass Gott sie in eine andere Richtung führen wollte. Also beendeten sie ihre Show.

Und nun wird es interessant.

Im darauffolgenden März, als Jeannie normalerweise intensiv in ihrer Show eingespannt gewesen wäre, ging sie mit ihren Kindern zu einer Ärztin, weil sie für ein Feriencamp Gesundheitsbögen ausfüllen mussten. Früher hätte sie für diesen Termin gar keine Zeit gehabt. Neben der Show hatte sie sich nicht einmal gut um ihre eigene Gesundheit kümmern können. Einmal war sie mit dem Fuß umgeknickt und musste sich aus der Requisite Krücken leihen, statt zum Arzt zu gehen, weil sie so viel zu tun hatte, dass sie das Set nicht verlassen konnte.

Nun aber hatte sie mehr Freiräume – zum Beispiel eben für einen Besuch bei der Kinderärztin. Während der Untersuchung eines der Kinder bemerkte diese, dass Jeannie eine ihrer Fragen nicht verstanden hatte.

»Tut mir leid, aber ich höre auf dem einen Ohr ziemlich schlecht«, sagte Jeannie beiläufig.

Die Ärztin hielt inne und wandte Jeannie ihre ganze Aufmerksamkeit zu. Nachdem sie ihr ein paar Fragen gestellt hatte, riet sie ihr, das sofort checken zu lassen.

Diese zufällige Begegnung führte dazu, dass bei Jeannie ein Hirntumor festgestellt wurde. Er hatte die Größe einer Birne und saß am Hirnstamm. Die Situation war so ernst, dass ein Niesen sie hätte töten können. Rasch wurde sie notoperiert und brauchte Monate, um sich mühsam wieder zu erholen. Sie war gerade noch mit dem Leben davongekommen.

Als sie mir das erste Mal erzählte, wie es zu dieser Diagnose gekommen war, brauchte ich einen Moment, bis ich das Ganze mit dem Beenden ihrer Show in Verbindung brachte. Als es bei mir klick machte, fiel mir buchstäblich die Kinnlade herunter.

Jeannie brachte auf den Punkt, was mir gerade klar geworden war: »Wenn wir die dritte Staffel durchgezogen hätten, dann wäre ich jetzt tot. Ohne Zweifel.«

Wenn wir zulassen, dass unser Funkeln uns mit Gott verbindet, kommt das Außenstehenden verrückt vor. Wir empfinden mehr Frieden, als uns tausend Seiten von Plänen und Kalkulationstabellen geben könnten. Wir stolpern über Chancen, die wir selbst nie hätten in die Wege leiten können. Wir bringen Opfer, die andere nie auf sich nehmen würden. Wir treffen Entscheidungen, die selbst uns überraschen. Und eines Tages könnte eine von ihnen, so wie bei Jeannie, vielleicht sogar unser Leben retten.

6. Du kannst Dinge tun, die dir Angst machen

Ich stand auf der Bühne. Etwa hundert Menschen schenkten mir ihre volle Aufmerksamkeit. Im Raum war es völlig still, als ich sprach. Und das war ein großes Problem, weil ich nämlich gerade einen Witz erzählt hatte. Das Publikum sollte eigentlich lachen.

Einen Tag nach meiner unerwarteten Inspiration zur Stand-up-Comedy ging ich zu einer offenen Bühne. Bald darauf folgte eine zweite. Und noch eine. Ich zog abends so oft wie möglich los, wenn die Kinder im Bett waren. Wie für die meisten Leute, die auf diesem Gebiet anfangen, war es auch für mich ein holpriger Beginn. An dem besagten Abend hatte ich keine Freude daran, es funkeln zu lassen, und definitiv tat ich damit niemandem etwas Gutes. Ich erlebte eine krachende Niederlage, was besonders frustrierend war, weil gerade diese Veranstaltung so toll geklungen hatte. Vor dem Badezimmerspiegel hatte ich eine grandiose Show abgezogen. Ich hatte mir lebhaft vorgestellt, wie das Publikum Tränen lachte. Stattdessen aber saßen die Leute still und stumm wie Statuen vor mir.

Es gab zwanzig Auftritte und außer mir war nicht eine Frau dabei. Ich war auch die Einzige, die Kinder hatte und Witze über das Leben in der Vorstadt riss. Von Anfang an kam ich mir wie eine totale Außenseiterin vor. So richtig peinlich wurde es, als ich versuchte, das Ganze noch irgendwie zu retten, und dabei meine Zeit überzog – einer der sichersten Wege, um die Clubbesitzer gegen dich aufzubringen. Unter mitleidigem Applaus verließ ich die Bühne, was noch schlimmer war, als wenn es Buhrufe gegeben hätte.

Der einzigartige Schmerz, den man empfindet, wenn eine

Stand-up-Comedy völlig danebengegangen ist, ist schwer zu beschreiben. Man kommt sich natürlich untalentiert vor und ein bisschen, als käme man von einem anderen Planeten. Man hat versucht, sich in die Gruppe zu integrieren, indem man etwas sehr Persönliches – den eigenen Humor – mit den anderen teilt. Und die Menschen, die einem so tief in die Seele geschaut haben, erwidern: »Bitte, geh weg.«

Es ist ein persönlicher Weltuntergangsmoment.

Scheitern sollte zu deinem Wort des Jahres werden

Wenn ich mit anderen darüber spreche, wie man sein Funkeln findet, sagen die meisten, sie hätten so etwas nicht. Doch je mehr ich mich in solche Gespräche hineinbegebe, desto mehr erahne ich, was hinter diesen Worten steckt: Insgeheim fürchten sich diese Menschen davor, ein Funkeln zu haben. Denn wenn sie eins hätten, dann würden sie sich verpflichtet fühlen, es auch einzusetzen.

Sobald wir uns aber vorstellen, wie wir unser Funkeln zum Ausdruck bringen, stellen wir uns auch vor, wie wir damit scheitern könnten. Es ist in der Regel der allernächste Gedanke.

»Ich könnte einen Literaturkreis starten! – Aber was, wenn niemand teilnehmen will?«

»Ich könnte einen Roman verfassen! – Aber die eine Lehrerin damals hat gesagt, dass ich nicht schreiben kann.«

»Ich könnte Personal Trainer werden! – Aber das machen ja schon so viele andere Leute.«

Wenn unser Funkeln im Spiel ist, fürchten wir unser Scheitern besonders, weil es um etwas so Persönliches geht. Auf einem Gebiet zu versagen, das uns nicht so wichtig ist, fällt uns viel leichter. Wenn ich zum Beispiel ein Lied vorsingen würde, das meinen Zuhörern nicht gefällt, wäre das für mich nicht so tragisch. Ich weiß, dass ich auf diesem Gebiet null Begabung habe. Wenn ich der Welt meine Liebe in musikalischer Hinsicht zeigen will, dann singe ich am besten gar nicht.

Doch für meine Freundin, deren Funkeln im Singen liegt, wäre es ganz anders. Wenn wir bei etwas versagen, was wir lieben, ist es nicht die kurze Enttäuschung über uns selbst, die wir bei alltäglichen Missgeschicken empfinden, zum Beispiel, wenn wir falsch abgebogen sind und zu einer Verabredung zu spät kommen. Es fühlt sich eher so an, als ob wir beim Schulabschlussball jemanden zum Tanzen auffordern, diese Person uns einen Korb gibt und alle anderen es mitbekommen. Es ist die Art von psychologischer Belastung, die uns verstehen lässt, warum manche Menschen sich für ein Einsiedlerleben in der Wüste entscheiden.

Eine der kreativsten Ideen zur Überwindung des Ablehnungsschmerzes, die ich kenne, wurde von der Marketingleiterin und Autorin Kiki Schirr auf Twitter veröffentlicht. Einmal kündigte sie im Januar an, sie wolle in diesem Jahr einhundert Absagen sammeln.[6] Wie genial ist das denn? Es erinnert mich an Stephen King, der seine Absagen wie Ehrenabzeichen mit einem Nagel an die Wand heftete. In seinen Memoiren schreibt er: »Als ich vierzehn war, [...] konnte der Nagel das Gewicht der Absagen nicht mehr halten. Ich ersetzte ihn durch einen noch dickeren und schrieb weiter.«[7]

Ich habe online einen Zufallsgenerator erstellt (www.wordoftheyear.me). Mein erster Job nach dem College hatte mit Webprogrammierung zu tun und so aktivierte ich meine Kenntnisse von damals. Der Generator teilt einem ein inspirierendes Wort zu, das zum persönlichen Motto des Jahres werden soll. Nur ein Klick auf den Button und es erscheint in riesigen Lettern. Ich tippte Hunderte von Begriffen ein, die ich für inspirierend hielt, wie zum Beispiel JA, LÄCHELN, TANZEN und GLAUBEN. Bevor ich die Seite freischaltete, fügte ich dank Kiki Schirr noch einen letzten Begriff hinzu: SCHEITERN.

Doch die Leute, die dieses Wort erwischten, waren alles andere als glücklich darüber. Ich bekam geradezu hysterische E-Mails mit der Frage, warum ich das getan hatte. Ob es ein Fehler oder ein grausamer Witz sei. Einige schrieben mir, ich hätte ihren Tag ruiniert. Ich sah ein, dass es vielleicht ein wenig irritierend war, wenn man gemeinsam mit anderen den Generator ausprobierte und eine Freundin das Wort TRÄUMEN herausbekam, ein Kollege GENIESSEN, die Schwester FREUDE und man selbst … SCHEITERN.

Also löschte ich es aus der Liste. Es wird nie wieder auftauchen, egal wie oft man »Show Me My Word!« anklickt. Aber ich wünschte, ich hätte es dringelassen, vor allem angesichts dessen, wie sich Kiki Schirrs Bewerbungsablehnungsprojekt entwickelt hat.

Ein paar Monate nach dem ersten Tweet postete sie ein ungewöhnliches Update: »Anfang des Jahres habe ich mir vorgenommen, bis zum 31. Dezember 100 Absagen zu sammeln, und so begann ich reihenweise Bewerbungen einzureichen, von denen ich mir nichts versprach, weil alles eindeutig nicht meine Liga zu sein schien. Doch wenn es so weitergeht, werde ich mein Ziel nicht erreichen können … denn viele Antworten fallen positiv aus! Also: Nehmt mehr Chancen wahr.«[8]

Obwohl sich SCHEITERN nicht mehr in meinem Zufallsgenerator befindet, möchte ich dich dazu ermutigen, es zu deinem Wort des Jahres zu machen, und zwar jedes Jahr. Wenn du die Ablehnung nicht nur akzeptierst, sondern sie sogar *suchst*, wirst du das Gefühl bekommen, etwas erreicht zu haben, selbst wenn sich deine Hoffnungen nicht erfüllen. Stattdessen wird dir passieren, was auch Kiki Schirr erlebt hat: Du wirst häufiger über Erfolge stolpern, als wenn du nur nach einfachen Gewinnen gestrebt hättest.

Liebe die Bruchlandung!

Eines der besten Interviews, die ich je gelesen habe, war das mit Satiriker und Moderator Stephen Colbert im *GQ*-Magazin.[9] Er schildert dort ganz offen, wie er Herausforderungen im privaten und beruflichen Bereich bewältigt hat. Was mir besonders gefiel, war seine Aussage, wir sollten »die Bruchlandung lieben lernen«.

Dieser Rat, so Colbert, stamme von Jeff Michalski, dem Chef der legendären Comedy-Truppe *Second City*. Bevor der junge Stephen Colbert und seine Mitstreiter das erste Mal auftraten, sagte Michalski zu ihnen: »Ihr müsst lernen, es zu lieben, wenn ihr eine Bruchlandung hinlegt.«

Colbert erklärte: »Es dauerte lange, bis ich wirklich verstanden hatte, was das bedeutet. Es heißt nicht: ›Keine Sorge, nächstes Mal schaffst du es.‹ Oder: ›Lach einfach drüber.‹ Nein, es ist wörtlich zu verstehen. Wir müssen unser Scheitern lieben lernen. [...] Dieses unangenehme Gefühl, vor einem Publikum versagt zu haben, anzunehmen, führt dazu, dass wir durch die Angst hindurchdringen, die uns blendet und nicht klar denken lässt.«

Liebe die Bruchlandung.

Solche Niederlagen können schmerzhafte Nachwirkungen in unserem Leben haben, aber der Schmerz erinnert uns daran, dass wir immer noch da sind. Das ganze Konzept, das dem persönlichen Funkeln zugrunde liegt, zielt darauf ab, uns aus uns herauszulocken; es verbindet uns mit der Welt und mit anderen. Das bedeutet *mehr* Interaktion mit Menschen, *mehr* Leben, *mehr* Liebe. Und daraus ergeben sich mehr Gelegenheiten zu versagen, verletzt und abgelehnt zu werden. Wenn wir diese Erfahrungen als etwas betrachten, was wir nur überstehen oder gerade so ertragen können, dann beginnen wir sie zu vermeiden. Wir ziehen uns zurück. Und stellen bald schon fest, dass wir gar nicht wirklich leben.

Mut ist eine Sportart

Früher fiel mir das Scheitern schwer. Ich habe eine perfektionistische Ader und wenn ich etwas ausprobierte, das fehlschlug, lähmte mich das tage- oder sogar wochenlang. Irgendwann aber erkannte ich, dass fast alle Personen, die ich bewunderte, etwas Entscheidendes gemeinsam hatten: Rückschläge brachten sie nicht zu Fall, sondern sie akzeptierten diese als ganz normale Vorkommnisse. Also änderte ich mein Denken und fing an, das Scheitern als Lebensstil zu betrachten. Wie Kiki Schirr hielt ich geradezu danach Ausschau – und dabei habe ich etwas Wichtiges herausgefunden: Mut kann erlernt werden.

Denken wir also nicht, Furchtlosigkeit sei ein Charakterzug, den man entweder hat oder nicht; sehen wir sie lieber als eine Sportart an, die wir beherrschen können. Vielleicht gelingt das manchen Menschen schneller als anderen, aber wir alle können darin ziemlich gut werden. Wenn wir es das erste Mal richtig funkeln lassen und daraufhin Ablehnung erfahren, trifft uns das. Schwer sogar. Am liebsten möchten wir unser Funkeln beim nächsten Mal zu Hause lassen. Danach aber passiert etwas Interessantes: Das zweite Scheitern tut zwar immer noch weh, aber es ist ein vertrauter Schmerz. Er fühlt sich nicht mehr so fremd und furchterregend an. Wir haben unsere Reaktionen etwas besser unter Kontrolle. Und bei Runde Nr. 3 tut es noch weniger weh. Wie Muskelkater durch Training weniger wird, verblasst das Gefühl schließlich, weil wir eine gewisse Widerstandskraft entwickelt haben. Es ist nicht mehr so ausgeprägt, weil wir stärker geworden sind.

Und noch etwas passiert. Etwas, das ich nicht erwartet hatte und das richtig cool ist: Scheitern verbindet. Man ist plötzlich willkommen im Club – in einem exklusiven Club, in dem man nur Mitglied werden kann, wenn man etwas gewagt und eine echte Pleite eingesteckt hat.

An dem Abend, an dem ich meinen Auftritt im Comedy-Club

vermasselt hatte, kehrte ich hinter die Bühne zurück und riss die Tür zum Aufenthaltsraum auf. Ich stapfte an den anderen vorbei und schnappte mir meine Handtasche, um wie ein geprügelter Hund zu meinem Auto zu flüchten. Da sprach mich jemand an.

»Guter Auftritt, Jen«, sagte ein Comedian um die zwanzig mit langen Locs. Er schaute von seinen Notizen auf und schenkte mir ein Lächeln. Ich hätte nicht gedacht, dass mich hier jemand mit Namen kannte.

»Ja, das war echt gut«, stimmte ein anderer Künstler zu – was natürlich gelogen war, aber es war das, was ich in dem Moment brauchte.

Der Mann daneben gab mir ein High Five.

Mein Blick wanderte durch den Raum von einem zum anderen. Viele nickten mir anerkennend zu oder murmelten ein Lob. Mir wurde warm ums Herz. Es fühlte sich gut an – als wären wir alle im selben Team.

Auf den ersten Blick hatte ich mit diesen Jungs nichts gemeinsam. Sie waren überwiegend jung, single und ihr Lebensstil war ein ganz anderer als meiner. Doch trotz alledem und obwohl wir uns gar nicht kannten, gab es eine Verbindung zwischen uns. Sie beruhte nicht nur darauf, dass wir dieselbe Sache liebten. Es war etwas viel Stärkeres: das gemeinsame Gefühl, in dieser Sache bisweilen zu versagen. Jede Art des Scheiterns ist eine einzigartige Erfahrung, etwas, was nur diejenigen verstehen können, die es selbst durchgemacht haben. Als ich nach meinem Auftritt den Raum betrat, wusste dort jeder, dass wir diese Erfahrung nun miteinander teilten. Jeder dort hatte schon im Rampenlicht gestanden und für einen Witz nur Schweigen geerntet. Jetzt also gehörte ich zum Club.

Es ist oft nicht der Erfolg, der uns einander näherbringt. Es ist das Leiden. Die Not. Das Scheitern. Wenn du schon einmal miterlebt hast, wie Menschen mit ähnlichem beruflichem Hintergrund sich kennenlernen und sofort eine Verbindung zueinander aufbauen, wirst du festgestellt haben, dass sie das durch den Austausch von vergleichbaren Erfahrungen tun. Eltern teilen den vielleicht schwierigen Weg zur Geburt oder Adoption ihrer Kinder mit anderen. Menschen, die für einen Film vor der Kamera stehen, klopfen einander auf die Schulter, wenn sie den Text vergessen oder ihren Auftritt verpasst haben. Leitende in Gemeinden lachen erleichtert, wenn sie hören, dass andere mit den gleichen Herausforderungen zu kämpfen haben.

Wenn jemand in eine solche Gruppe hineinmarschieren würde mit den Worten: »Ich kann eure traurigen Geschichten nicht nachvollziehen, denn bei mir läuft alles super«, dann wäre er raus aus dem Club. Er hätte nicht verstanden, was diese Menschen zusammenschweißt.

Vor einem Monat kam ein Päckchen bei mir an und beim Öffnen traten mir Tränen in die Augen. Es war etwas darin, was ich mir selbst bestellt hatte: eine goldene Halskette mit einem einfachen, rechteckigen Anhänger, auf dem die simple Botschaft *Love the bomb (Liebe das Totalversagen)* steht.

Am darauffolgenden Wochenende trat ich bei einer Comedy-Show auf, von der ich wusste, dass sie von einem nicht einfachen Publikum besucht wurde. Bevor ich das Haus verließ, legte ich die Halskette an und schob sie unter mein Shirt, sodass nur ich von ihrer Existenz wusste. Als ich auf der Bühne stand, kamen meine ersten Witze überhaupt nicht an. Statt Gelächter hörte man nur das Klirren der Gläser an der Bar. Ich schaute in den Saal, aber die grellen Scheinwerfer blendeten mich, sodass ich nur ein paar gelangweilte Gesichter in der ersten Reihe erkennen konnte. Ein Mann gähnte sogar. Ich verlor beinahe den Mut und geriet in große Versuchung, aufzugeben und mich nur noch durchzubeißen, bis die Zeit um war. Dann aber erinnerte ich mich an die Kette und spürte den Anhänger auf meiner Haut. Ich dachte an den eingravierten Appell. Ich holte tief Luft und beschloss, diesen Moment nicht nur zu überleben, sondern zu genießen. Ich schenkte meinem Publikum ein echtes, ehrliches, offenes Lächeln und steckte doppelt so viel Energie in den Rest meines Auftritts.

In der zweiten Hälfte erntete ich großes Gelächter und wurde mit heftigem Applaus belohnt, als ich schließlich die Bühne verließ – und all das nur, weil ich gelernt hatte, mein Scheitern zu lieben.

7. Du wirst die Widerstände überwinden

Dein Funkeln ist eine Aufgabe, zu der du bestimmt bist. Ich würde sogar so weit gehen zu sagen, dass du diese Aufgabe erfüllen *sollst*. Darum ist es wichtig für dich zu wissen: Da draußen gibt es eine Macht, die dich aufhalten will.

In seinem bedeutenden Buch *The War of Art* bezeichnet Steven Pressfield diese Macht als »Widerstände«. Er beschreibt ihren Angriff als folgendes Gefühl: »Wir fühlen uns, als würden wir durch die Hölle gehen. Ein unterschwelliges Gefühl des Elends durchdringt alles. Wir sind gelangweilt, wir sind ruhelos. Wir finden keine Zufriedenheit. Da sind Schuldgefühle, aber wir können ihre Quelle nicht ausfindig machen. [...] Wir fühlen uns ungeliebt und auch gar nicht liebenswert.«[10] Es sei eine »Kraft, die uns zurückwirft«, schreibt er. »Sie ist negativ. Ihr Ziel besteht darin, uns wegzudrängen, uns abzulenken, uns von der Arbeit abzuhalten.«[11] Wenn du Menschen kennenlernst, die ihr Funkeln eingesetzt haben und damit einen großen positiven Einfluss hatten, wirst du feststellen: Neun von zehn unter ihnen glauben, dass es solche »Widerstände« gibt, egal ob sie genau diesen Begriff verwenden oder nicht.

Was aber sind die »Widerstände«? Ich persönlich verwende sie als Umschreibung für alles, was uns zurückhalten will. Manchmal sind es unsere Befürchtungen. Manchmal ist es der unbewusste Versuch der Selbstsabotage. Und manchmal ist es das Böse. Ja genau, *das Böse*.

Nach meiner Bekehrung vom Atheismus zum christlichen Glauben lernte ich etwas kennen, was mit zu den größten Veränderungen in meinem Denken beitrug: die Auffassung, dass es in der Welt eine dunkle geistliche Macht gibt, die real ist und reale Kräfte besitzt. Es mag überraschend klingen, dass dieses Konzept für mich relativ einfach zu akzeptieren war. Als ich über das antike jüdisch-christliche Verständnis des Teufels nachlas und es mit meinen persönlichen Erfahrungen sowie geschichtlichen Ereignissen verglich, fand ich dort ein Echo. Ich erinnerte mich an mein College-Studium, in dessen Rahmen ich einen Kurs in Historischer Anthropologie belegt hatte. Damals fiel mir auf, dass es in allen Kulturen, selbst wenn Tausende von Meilen oder Jahren zwischen ihnen lagen, den Glauben an gute und böse geistliche Mächte gab. Überall herrschte die Überzeugung, dass es dem Menschen schade, wenn er diese bösen Mächte ignorierte.

Mich mit der christlichen Theologie des geistlichen Kampfes zu beschäftigen, hat mich persönlich bei diesem Thema weitergebracht. Ich hatte das Gefühl, als hätte mir jemand endlich die Pläne eines Gegners offengelegt, den ich unwissentlich schon mein ganzes Leben lang bekämpft hatte.

Natürlich wird nicht jeder mit mir darin übereinstimmen, dass die Widerstände manchmal übernatürlichen Ursprungs sein können. Steven Pressfield, der den Begriff prägte, scheint dabei vor allem an psychologische Hindernisse zu denken. Viele gehen davon aus, dass das, was uns davon abhalten will, unser Funkeln mit der Welt zu teilen, in unseren eigenen Köpfen lebt. Doch in einem sind wir uns alle einig: Es gibt Widerstände gegen unser Funkeln, und um es dennoch sichtbar werden zu lassen, müssen wir lernen, sie zu überwinden.

Kenne deinen Gegner!

Atheisten, Agnostiker und religiöse Menschen jeden Hintergrunds sind in diesem Punkt einer Meinung: Wenn man auch nur ein bisschen Liebe in diese Welt hineinbringen möchte, steht einem ein Kampf bevor. Wer es ernst meint damit, sein Funkeln zu finden und leuchten zu lassen, muss sich eine Kriegermentalität aneignen. Es gibt keine Alternative. Je mehr Gutes wir also tun wollen, desto härter müssen wir kämpfen. Pressfield weist darauf hin, dass »die Widerstände direkt proportional zur Liebe sind. Wenn du massive Widerstände empfindest, dann gibt es eine gute Nachricht: Das bedeutet, da ist auch unglaublich viel Liebe.«[12]

Wir können einen Feind nur bekämpfen, wenn wir ihn kennen, also müssen wir lernen, die Zeichen des Widerstands zu identifizieren. Jahrelang habe ich mit Priestern, klugen Menschen aus meinem Umfeld, Radiogästen und erfahrenen Kreativen über dieses Thema gesprochen. Ihrem Rat folgend halte ich nun Ausschau nach drei verräterischen Signalen des Widerstands: Ich weiß, dass ich gegen alles ankämpfen muss, was mich zurückhält, wenn die Stimme, die ich höre, *entmutigend, entzweiend* oder *abwertend* ist.

Wenn ich hier von Stimmen spreche, dann verstehe ich das nicht im wörtlichen Sinn. Ich meine damit nicht, dass ich tatsächlich Worte höre, so als ob jemand in einem roten Teufelskostüm aus Gummi mir etwas ins Ohr flüstert. Die »Stimme des Widerstands« ist vielmehr das Wirrwarr von Gedanken, Emotionen und Botschaften, die in unserem Kopf herumschwirren. Wenn sie voller Entmutigung, entzweienden und/oder abwertenden Botschaften sind, sollten wir sie zurückweisen.

Entmutigung

Jemanden zu *ent*mutigen, ihm seinen *Mut* nehmen – keine gute Macht würde das jemals tun. Denk daran, wie jemand, der dir nahesteht, mit dir spricht, wenn du niedergeschlagen bist: Dieser Mensch wird dir sicherlich helfen, die Probleme zu beleuchten, die behoben werden müssen, aber er wird dir auch Mut zusprechen. Er erinnert dich daran, dass es immer Hoffnung gibt, selbst in den dunkelsten Situationen. Er klopft dir auf den Rücken und fordert dich auf, stark zu bleiben. Wenn wir also mit Gefühlen der Hoffnungs- und Mutlosigkeit konfrontiert werden, können wir sicher sein, dass sie keiner guten Quelle entspringen.

Entzweiung

Ein Priester sagte mir einmal: Wo keine Einigkeit ist, da ist auch kein Gott. Er erklärte mir, dass Gott uns immer zur Harmonie mit unseren Mitmenschen hinführt. Liebe vereint; das Böse spaltet. Wenn Widerstände sich uns entgegenstellen, während wir unser Funkeln in die Welt bringen wollen, besteht deren Lieblingsstrategie darin, unsere Leidenschaft in eine Kraft zu verwandeln, die uns von anderen wegtreibt. Statt uns von Menschen inspirieren zu lassen, die für das Gleiche brennen wie wir, fangen wir an, uns mit ihnen zu vergleichen, und fahren uns fest. Statt uns über ihre Erfolge zu freuen, versinken wir in Eifersucht. Statt die Gemeinschaft mit gleichgesinnten Kreativen zu suchen, betrachten wir sie als Konkurrenz und stoßen sie von uns weg.

Selbst unsere wohlmeinenden Absichten können in Widerstände verwickelt werden, sodass sie in unserem persönlichen Leben Spannungen verursachen. Wenn du merkst, dass dein Funkeln dazu führt, dass du dich über deine bessere Hälfte, deine Kinder oder andere liebe Menschen ärgerst, ist es an der Zeit, eine Neubewertung vorzunehmen. Es ist normal, dass wir gern das tun wollen, wofür wir brennen, aber wenn dies ständig Konflikte zwischen uns und den wichtigsten Menschen in unserem Leben verursacht, ist das ein sicheres Anzeichen dafür, dass wir unsere Gabe aktuell nicht auf die richtige Weise nutzen. Unser Funkeln sollte uns mehr Liebe für andere geben, nicht weniger. Wenn wir merken, dass das, was wir lieben, uns von anderen trennt oder sogar Gefühle der Feindseligkeit einflößt, sind mit Sicherheit Widerstände im Spiel.

Abwertung

Wenn du nichts dagegen unternimmst, werden die Widerstände mit immer mehr persönlichen Botschaften an dir nagen. Es beginnt damit, dass sie dir einreden, das, was du tust, wäre wertlos. Die nächste Schlussfolgerung ist dann, *du selbst* wärst wertlos.

Eine gutwillige Stimme übt konstruktive Kritik, die nicht persönlich ist: *Das Lied, das du geschrieben hast, könnte mit einem stärkeren Beat besser klingen.*

Eine böswillige Stimme klingt verurteilend und wird schnell persönlich: *Das Lied, das du geschrieben hast, ist schrecklich. Du bist schrecklich.*

Die Widerstände geben sich nicht damit zufrieden, den Wert deines Funkelns infrage zu stellen; sie wollen, dass du deinen Wert als Mensch infrage stellst. Darum ist es so wichtig, sich dieses Konzeptes bewusst zu sein und es entschlossen zu bekämpfen. Es handelt sich hier nicht um eine statische Macht. Wenn wir ihr Raum geben, wächst sie.

Werde unangreifbar!

Das Geheimnis, wie wir die Widerstände bekämpfen können, ist ganz einfach: Wir müssen sie ignorieren. Wenn wir unser Funkeln leben wollen und Botschaften in uns laut werden, die entmutigend, entzweiend oder abwertend sind, sollten wir sie verscheuchen wie lästige Stechmücken. Ich persönlich habe eine ganze Reihe von Strategien, die ich anwende, um Hilfe von oben zu bekommen. Wer nicht religiös ist, mobilisiert vor allem seine psychischen Kräfte und macht sich seine Mission neu bewusst.

So oder so, es ist leichter gesagt als getan.

Eine der besten Methoden, wie wir gegen das Gift der Widerstände immun werden, besteht darin, unsere Arbeit als etwas weniger Persönliches zu betrachten. Auch in diesem Punkt sollten wir uns die »Praktikumsmentalität« aneignen: *Ich bin nur die ausführende Kraft.* Wenn die Widerstände sich bei uns einnisten wollen, können wir ihnen entgegnen: *Gut, ihr Gedanken, sagt mir von mir aus, meine Arbeit wäre schrecklich, sie würde zu nichts führen und ich würde nur meine Zeit verschwenden. Das ist mir egal, weil es ja schließlich nicht meine Idee war. Ich tue nur das, was ich als meinen Auftrag empfinde.*

In ihrem enorm populär gewordenen Vortrag auf einer Konferenz für Führungskräfte erklärte die Bestsellerautorin Elizabeth Gilbert, es sei in der Geschichte des Westens nie vorgekommen, dass Menschen ihre kreative Inspiration als etwas betrachtet hätten, das aus ihnen selbst heraus kam.[13] Die Griechen nannten diese spirituellen Kräfte, die uns inspirieren, *daimones* oder »Geister, die uns leiten«. Die Römer bezeichneten den Geist der Kreativität als *genius*. Und auch wenn Gilbert dies in ihrem Vortrag nicht erwähnt, wird die Inspiration unter Menschen christlichen Glaubens häufig auf den Heiligen Geist zurückgeführt.

Dann aber geschah im Lauf der Menschheitsgeschichte etwas bisher nie Dagewesenes. »[In der Renaissance]«, so Gilbert, »hatten wir eine große Idee, die lautete: Lasst uns das menschliche Individuum in den Mittelpunkt des Universums stellen – über alle Götter und Mysterien – und es ist kein Raum mehr für mystische Kreaturen, die sich vom Göttlichen etwas vorschreiben lassen. […] Die Menschen fingen an zu glauben, dass die Kreativität gänzlich aus dem Ich des Individuums stammte. Zum ersten Mal hörte man die Leute über diesen oder jenen Künstler sagen, er *sei* ein Genius, statt dass er einen Genius *besitze*.«[14]

Wenn wir davon ausgehen, dass unser Funkeln uns gegeben wurde, statt dass es nur aus unserem Inneren kommt, ist es, als ob wir uns einen Ferrari von einer Freundin leihen, statt selbst einen zu besitzen. Wir können stolz damit herumfahren, ohne egoistisch zu wirken. Wir behandeln ihn mit Ehrfurcht und Respekt. Was aber noch wichtiger ist: Wir nehmen es nicht persönlich, wenn jemand sagt, er habe eine hässliche Farbe. Wir haben sie ja nicht ausgesucht; der Wagen ist nur geliehen.

Wenn es nicht die Widerstände sind …

Manchmal handelt es sich bei der Stimme, die uns sagt, wir sollten unser Funkeln erst mal ruhen lassen oder aufgeben, nicht um Widerstände. Manchmal ist es die gesunde Stimme unseres Gewissens oder sogar die Stimme Gottes. Wie aber erkennen wir, ob die Aufforderung, auf die Stopptaste zu drücken, gut ist? Ganz einfach: Die Botschaften haben genau den entgegengesetzten Tonfall wie die der Widerstände. Statt *Entmutigung, Entzweiung und Abwertung* werden in uns Gefühle der *Ermutigung, der Gemeinschaft und der Wertschätzung* wach.

Die Widerstände würden flüstern: »Gib den Traum auf, eine Eisdiele zu eröffnen. Du hast kein Talent dafür, du wirst deinen jetzigen Job nie hinwerfen und es würde eh niemand hinter dir stehen.«

Eine positive innere Stimme dagegen würde sagen: »Lass den Traum größer werden! Dein Rezept mit dem Erdnusskaramell ist genial! Sieh zu, dass du mit deinen aktuellen Projekte auf der Arbeit gut vorankommst, damit du mehr Zeit und Kraft hast, deinen Geschäftsplan aufzustellen. Und dann erklär deinen Lieblingsmenschen, was für ein tolles Unternehmen das werden könnte.«

Als ich an meinem ersten Buch arbeitete, gab es im Schreibprozess mehrere größere Unterbrechungen. Einmal, als wir vier Kinder unter fünf Jahren hatten, bekamen wir alle eine Magen-Darm-Grippe und danach gleich noch eine. Ich nahm mir mehrere Wochen frei, war aber zuversichtlich, dass es keine Widerstände waren, die mich dazu gedrängt hatten. Ich spürte einen Frieden über diese Entscheidung und blickte hoffnungsvoll nach vorn.

Und tatsächlich: Als ich an den Schreibtisch zurückkehrte, war ich voller Energie. Bei bestimmten Kapiteln war ich monatelang nicht vorangekommen und jetzt hatte ich einen Durchbruch nach dem anderen. Wie sich herausstellte, gibt es kaum ein besseres Mittel als eine unappetitliche Grippe, damit unser Kopf wieder frei wird für neue Inspirationen.

Manchmal spüren wir auch, dass es an der Zeit ist, eine Leidenschaft loszulassen und eine andere zum Leuchten zu bringen. Ein perfektes Beispiel dafür ist Missy Franklins Entscheidung. Die fünffache olympische Goldmedaillengewinnerin im Schwimmen hatte vor einiger Zeit einen Auftritt in meiner Radiosendung. Zu dem Zeitpunkt hatte sie gerade ihre Sportkarriere beendet. Nach einer Verletzung war das Training zu schmerzhaft geworden und so beschloss sie, zu neuen Ufern aufzubrechen. Es ist beinahe überflüssig zu sagen, dass Schwimmen nicht nur das war, wofür sie brannte – es war ihr Leben. Doch als sie darüber sprach, all das hinter sich zu lassen, vibrierte ihre Stimme vor Begeisterung. Missy strahlte übers ganze Gesicht, als sie über die Möglichkeiten sprach, die sich ihr eröffneten, nun da das Schwimmen nicht mehr so viel Zeit beanspruchte. Sie sagte, das Geheimnis, positiv zu bleiben, wenn ein Traum endet, bestehe darin, »neue Leidenschaften zu finden, Dinge, für die man sich engagieren will, weil man weiß, dass man damit etwas Positives bewirken kann«.[15] Sie sagte, sie sei so dankbar, dass sie ein Team ihr nahestehender Menschen um sich habe, das sie unterstütze und ihr Mut mache. Das Schwimmen aufzugeben, sei anfangs sehr schwierig für sie gewesen, doch das habe sich geändert, als sie aufhörte, es als Rückschlag zu betrachten. Stattdessen begann sie es als Abenteuer zu sehen. (Wahrscheinlich hätte sie noch viele weitere Weisheiten weiterzugeben gehabt, doch als sich herausstellte, dass wir beide Schuhgröße 44 haben, beklagten wir uns in der restlichen Zeit des Interviews gemeinsam darüber, wie schwierig das den Schuhkauf macht.)

Bemerkenswert ist, dass Missys Worte nach *Ermutigung, Einigkeit und Wertschätzung* klingen – ein klares Zeichen dafür, dass die Entscheidung, das Schwimmen an den Nagel zu hängen, nicht von Widerständen herrührte, die sie zurückhalten wollten, sondern eine positive Vorwärtsbewegung war hin zu dem, wozu sie als Nächstes bestimmt war.

8. Du darfst dich selbst annehmen

Kürzlich las ich bei einer Mutter, der ich auf Social Media folge, wie sie sich selbst dafür kritisierte, dass sie privat immer alles fotografiert, was ihre Kinder machen. »Warum kann ich diese Momente nicht einfach genießen und muss immer hinter der Kamera sein?«, schrieb sie. Vielleicht ist das ja tatsächlich eine Baustelle, an der sie arbeiten muss, aber ich fragte mich dennoch, ob sie nicht vielleicht eine Begabung fürs Fotografieren hat. Der Grund, warum sie den ständigen Drang hat, Bilder zu machen, könnte ja auch sein, dass hier ein Funkeln schlummert, das unbedingt geweckt werden will. Auf solche Dinge sollten wir bewusst achten, denn manchmal können wir das, wofür wir brennen, deswegen nicht entdecken, weil wir es beschämt vor anderen verbergen.

Die Scham ist ein gutes Versteck für unsere Unsicherheit. Sie ist wie ein trojanisches Pferd, das es einer ganzen Armee von Ängsten ermöglicht, bei uns einzudringen und uns gefangen zu nehmen. Uns wird eingeredet, wir seien so hoffnungslos egoistisch, habgierig, oberflächlich oder unersättlich, dass wir es besser für uns behalten sollten. Die Welt könne gut auf unseren miesen Beitrag verzichten. Wenn wir uns also nur lange genug davon überzeugen lassen, ein schlechter Mensch zu sein, haben wir die perfekte Ausrede, uns weiter zu verstecken.

Scham ist nicht dasselbe wie Demut

Scham mit Demut zu verwechseln, gehört zum Schädlichsten, was wir tun können. Echte Demut ist gut. Ich habe einmal einen philosophischen Text aus der Antike gelesen, der sie folgendermaßen definierte: »Nicht schlechter von sich selbst zu denken, sondern weniger an sich selbst zu denken.« (Okay, es war ein Meme.) Demütig zu sein, bedeutet zu erkennen, dass ich ein Mensch mit Fehlern bin, der nicht mehr und nicht weniger liebenswert ist als alle anderen. Das ist eine gesunde Einstellung.

Scham ist etwas völlig anderes. Die Demut bringt uns dazu, ehrlich zu unseren Fehlern zu stehen; die Scham dagegen sagt uns, wir selbst seien der Fehler. Die Demut ermutigt uns, an unseren Schwächen zu arbeiten, weil wir es uns selbst und anderen schuldig sind, unser Bestes zu geben; die Scham sagt uns, wegen ihnen seien wir unwürdig und ungeliebt.

Ich möchte dir hier eine bekannte Methode empfehlen, die mir selbst auf diesem Gebiet wirklich geholfen hat: Bring die negativen Botschaften, mit denen du dich selbst bombardierst, ans Licht. Als wäre es dein Job, in einem Gerichtsprozess Protokoll zu führen, solltest du all das Gerede notieren, das dir im Verlauf des Tages durch den Kopf geht. Halte vor allem die Motive und Adjektive fest, mit denen du dich selbst beschreibst. Wenn du einen Termin versäumt hast und dir sagst: »War ja klar, dass mir das wieder passiert. Sieht mir ähnlich!«, dann schreib diese Sätze auf. Wenn du merkst, dass dein Spülbecken am Ende des Tages von schmutzigem Geschirr überquillt und dir der Gedanke »Ich bin so faul!« durch den Kopf schießt, dann notiere dir das.

Leg deine Gedankenliste ein paar Stunden oder einen Tag lang beiseite, dann schau sie dir wieder an. Frage dich:

- Fände ich es gut, wenn jemand so mit meinem Kind (oder einem anderen Menschen, den ich liebe) sprechen würde?
- Gibt es positive Botschaften, die sich mit den negativen mischen?
- Motivieren mich die kritischen Botschaften zu positiven Veränderungen? Oder machen sie mich nur fertig?
- Ist etwas dabei, was nach Widerständen klingt?

Wenn es dir ähnlich geht wie mir, dann kann das Ergebnis dieser Übung schockierend sein. Wahrscheinlich war dir nicht klar, wie viele fast schon hasserfüllte Botschaften du dir jeden Tag selbst antust.

Das beste Rezept, wie man sich dieses Verhalten abgewöhnen kann, besteht darin, jeder negativen Aussage eine positive entgegenzuhalten. Wenn du dich also bei dem Gedanken erwischst »Ich vermassle immer alles«, dann sag stattdessen: »Vielleicht habe ich das hier vermasselt, aber ich lerne aus meinen Fehlern.« Wenn du einen christlichen Glauben hast, kannst du auch ermutigende Bibelverse auswendig lernen und sie dir in entsprechenden Situationen ins Gedächtnis rufen, um die richtige Einstellung zu gewinnen.

Wenn wir uns das angewöhnen, vertreiben wir die giftigen Wolken der Scham, die uns eingenebelt haben. Und wenn sie weg sind, fällt es uns viel leichter, unser Funkeln und die wahre Version unserer selbst zu erkennen.

Der Gamechanger: Liebe deine Eigenart!

Ich gehöre zu den vielen Fans von Marie Kondo. Ich liebe ihr Buch *Magic Cleaning – Wie richtiges Aufräumen Ihr Leben verändert*. Außerdem mag ich ihre Netflix-Realityshow. Sie hat die Art und Weise, wie Menschen ihr Zuhause organisieren, revolutioniert und zahllose Familien vor einem Leben im Chaos bewahrt. Und zugleich ist sie so wunderbar verschroben.

Schon auf den ersten Eindruck stellt man fest, was für eine außergewöhnliche Persönlichkeit sie ist. Wenn sie ihre bereits in Kindertagen bestehende Leidenschaft fürs Aufräumen beschreibt, klingt das so: »Kaum hatte ich das Utensilien-Sonderheft der ›ESSE‹, jener Frauenzeitschrift, die damals zu meiner Stammlektüre gehörte, verschlungen, ging ich an die Umsetzung der Tipps. Aus leeren Taschentuchschachteln bastelte ich Schubladen. Außerdem sparte ich mein Taschengeld und kaufte die im Heft vorgestellten Produkte, um sie auszuprobieren. […] Während meiner Oberschulzeit rief ich auch schon mal bei Firmen an, die interessante Kisten, Kästen und sonstige Helfer herstellten. Ich brachte dann regelmäßig die Damen in der Telefonzentrale ins Schwitzen, weil ich endlose Fragen zu den einzelnen Modellen stellte.«[16]

Sie beschreibt, wie sie von der Schule nach Hause kam und sich sofort auf das Putzen verschiedener Bereiche des Hauses stürzte, sogar auf die Zimmer ihrer Geschwister. Schubladen auszuleeren und den Inhalt zu sortieren und neu einzuräumen, das war Maries liebste Freizeitbeschäftigung. »Bis die Sonne unterging und meine Mutter rief: ›Marie, Abendessen!‹, saß ich auf dem Boden im Badezimmer und beschäftigte mich mit den Dingen aus dem Spiegelschrank«, erzählt sie. »So verbrachte ich meine Nachmittage.«[17]

So etwas ist nicht normal! Manche Leute dachten sogar, sie wäre psychisch gestört.

Es gibt nicht wenige Menschen mit solch einer ungewöhnlichen Persönlichkeit, die ihre natürlichen Neigungen unterdrücken aus Furcht, auf andere seltsam zu wirken. Zum Glück tat Marie das nicht. Sie akzeptierte ihre Eigenheiten und gründete ein Beratungsunternehmen für die Organisation von Privathaushalten. Am Ende schrieb sie überaus beliebte Bücher, woraus sich die Sendung auf Netflix ergab, die dort zum Hit wurde. Indem sie ihre einzigartige Weise, die Welt zu betrachten, annahm, half sie Millionen Menschen dabei, die Kontrolle über ihr eigenes Leben und ihre Wohnräume zurückzugewinnen.

Wir können uns alle wirklich eine Scheibe von ihr abschneiden, wenn es darum geht, die eigenen exzentrischen Neigungen mutig zu akzeptieren.

In einem Familienurlaub vor nicht allzu langer Zeit besuchten wir die Herrenhäuser der Vanderbilts auf Rhode Island. Als ich von einem prächtigen Zimmer zum anderen ging, dachte ich darüber nach, welche Aufnahmen ich auf Instagram posten wollte. Die Schilder, die darauf hinwiesen, welche historische Bedeutung ein bestimmter Stuhl besaß oder welche Person diesen Füller in der Hand gehabt hatte, ignorierte ich und hielt stattdessen Ausschau nach guten Motiven. Irgendwann positionierte ich mich vor einem ein Meter achtzig großen Spiegel mit Goldrahmen und machte ein paar Bilder, von denen ich das beste mit dem Untertitel »Monumentales Spiegel-Selfie« posten wollte. Leider war es aber nicht möglich, ein monumentales Spiegel-Selfie zu kreieren und gleichzeitig auf meine Kinder aufzupassen. Zwei Sicherheitsleute unterbrachen mich mitten im Posieren, um mich darauf hinzuweisen, dass mein Fünfjähriger einen antiken Tisch betatschte. Zu diesem war er gelangt, nachdem er einen Bereich des Zimmers verlassen hatte, den er gar nicht erst hätte betreten dürfen. Ich erwischte ihn gerade in dem Moment, als er das »Bitte nicht berühren!«-Schild umwarf.

Die vornehmen Besucher sahen zu, wie der Sicherheitsdienst uns nach draußen beförderte. Sobald ihnen das ohne weitere Zwischenfälle gelungen war, ließen sie sich meinen Ausweis zeigen und verboten mir wiederzukommen. Es war mit Sicherheit eine beschämende Situation und verdient hatte ich es auf jeden Fall. Ich vermute, dass alle, die Zeuge dieser Szene wurden, dachten: *Welche Frau lässt ihr Kind aus den Augen, um ein Selfie zu machen, in einem solchen Haus, wo alles so zerbrechlich ist?* Und ehrlich gesagt dachte ich genau das auch.

Ich entschuldigte mich beim Sicherheitsdienst und beschloss, bei der nächsten Herrenhaus-Besichtigungstour aufmerksamer zu sein. Oder besser gesagt: Ich beschloss, nie wieder eine solche Tour zu machen. Wie auch immer. Ich gab jedenfalls meinen Fehler zu. Dann aber dachte ich auch an den Hintergrund, vor dem es überhaupt zu der Situation gekommen war.

Die große Kategorie, in die jedes Funkeln, das ich habe, hineinpasst, ist Kommunikation – oder anders ausgedrückt: das Erzählen von Geschichten. Schreiben, Radiomoderation und Stand-up-Comedy – all das beinhaltet, dass ich Worte nutze und mit ihnen spiele, um etwas mit anderen zu teilen. Das hat mit dem tieferen Wunsch nach Verbindung zu tun: Ich glaube, dass ich die Welt lieben soll, indem ich meine täglichen Erlebnisse weitergebe – indem ich die Menschen mit hineinnehme in das Gute, das Schlechte und das Absurde, hoffe ich, sie unterhalten zu können, damit sie sich weniger einsam fühlen. Dieser Wunsch stand auch hinter meinen Fotoversuchen an jenem Tag. Folglich konnte ich einerseits bestätigen, dass ich aus guten Beweggründen gehandelt hatte, andererseits auch zugeben, dass ich besser auf mein Kind hätte aufpassen sollen.

Sobald sich die Gelegenheit bot, postete ich mein Bild auf Instagram. Es war in der Tat ein monumentales Spiegel-Selfie. Ich schrieb sogar dazu, dass ich mehr oder weniger seinetwegen hinausgeworfen worden war.

Etwas später erhielt ich eine Nachricht von einer Frau, die mir sagte, dieses Bild hätte ihren Tag gerettet. Ihr Freund hatte sich an jenem Morgen von ihr getrennt. »Ich sollte das vielleicht nicht so direkt sagen«, schrieb sie, »aber als ich mir vorstellte, wie du von erbosten Sicherheitsleuten aus dem Herrenhaus hinauseskortiert wurdest, musste ich so lachen, dass mir beinahe das Handy aus der Hand gefallen ist. Es vermittelte mir das Gefühl, dass ich wohl doch nicht die Einzige war, die an diesem Tag eine Abfuhr bekommen hat. Danke dafür.«

Hätte ich mich bei dieser Sache von meinen Schamgefühlen bestimmen lassen, dann hätte ich das Ganze für mich behalten und mir weiter Vorwürfe gemacht. Und so hätte ich die Gelegenheit verpasst, einem anderen Menschen zu dem Lachen zu verhelfen, das er in diesem Moment brauchte – auch wenn es auf meine Kosten ging.

Deine schlechtesten Eigenschaften
sind zugleich deine besten!

Weiter oben habe ich dich ja gebeten, Antworten auf Servietten zu schreiben. An einer Stelle hast du negative Eigenschaften von dir notiert, dann hast du jeweils über eine positive Kehrseite dazu nachgedacht. Ich hoffe, das hat dir geholfen zu verstehen, dass in jeder deiner Schwächen auch etwas Gutes steckt. Dieses Konzept hat mir zum ersten Mal eine Mitschülerin in der Highschool vermittelt. Ich hatte mich gerade über unseren Mathelehrer beklagt, der ständig die von mir abgegebenen Aufgaben verlor, weil er so schlecht organisiert war.

Meine Freundin zuckte nur mit den Schultern und sagte fast beiläufig: »Die schlechtesten Eigenschaften sind gleichzeitig die besten.« Gleichzeitig sei dieser Lehrer schließlich auch ein Genie. Wir waren uns einig, dass er ein regelrechter Mathe-Visionär war und wir Glück hatten, jemanden wie ihn an unserer ländlichen Schule in Texas zu haben. »Er ist so zerstreut, weil in seinem Kopf ständig etwas los ist«, vermutete sie. »Wenn das nicht so wäre, dann wäre er auch nicht so toll in Mathe. Man kann nicht das eine ohne das andere haben.«

Also: Wenn du dich etwas tiefgehender mit deinen schlechtesten Eigenschaften beschäftigst, wirst du dort auch deine besten Eigenschaften finden.

Vor ein paar Jahren brachte ich meine jüngsten Kinder zu einem Betreuungsangebot in unserer Gemeinde. Als wir ankamen, fiel mir ein, dass sie an diesem Tag einen Gegenstand hätten mitbringen sollen, über den sie etwas erzählen konnten. Ich schickte sie allen Ernstes mit Steinen und Stöcken, die wir auf dem Parkplatz fanden, in ihre Gruppe (die Gegenstände sollten braun sein, also hatte ich wenigstens die Farbe getroffen). Dann fuhr ich nach Hause, zum Homeschooling meiner anderen Kinder. Meine siebenjährige Tochter sagte mit gewichtigem Tonfall, eineinhalb sei keine echte Zahl. Als ich mich umdrehte, sah ich meinen Sohn

Saft, Getreideflocken und Sojasoße zusammen in eine Schüssel kippen. Ich sehnte mich so sehr nach einer Pause, dass ich so tat, als würde ich es nicht sehen.

An diesem Abend berichtete ich Joe von all den Kleinkatastrophen des Tages. Ich schilderte ihm ein Beispiel nach dem anderen, um zu belegen, dass so ziemlich jeder alles besser machen könnte, als ich es tat. »Wenn unsere Kinder von Wölfen erzogen würden, wäre das für sie schon ein Fortschritt«, stöhnte ich und ließ mich auf die Couch fallen.

Joe unterbrach mich: »Stell dir bloß einmal vor, was du alles entdecken könntest, wenn du auch nur halb so viel Zeit damit zubringen würdest, über deine Stärken nachzudenken, wie du dich über deine Schwächen beklagst.«

Er hatte recht.

Endlich fand ich den Mut, mich selbst nicht mehr so schlechtzureden. Mut brauchte ich deshalb, weil es etwas Beängstigendes hatte. Es bedeutete, dass es Wege gab, mich zu verbessern. Es war bequem gewesen, mir einzureden, ich wäre eine totale Versagerin. Fatalismus ist einfach. Aber in Erwägung zu ziehen, dass es auch Bereiche gab, in denen ich gut war und in denen ich mehr tun sollte, war schwierig.

Ich erinnerte mich an die Worte meiner Highschool-Freundin, dass unsere schlechtesten Eigenschaften zugleich unsere besten seien, und begann mich zu fragen, was meine Schwächen mir über meine Stärken verraten könnten. Zum Beispiel hasste ich es, dass ich in Detailfragen so schlecht war. Dass meine Kinder etwas mitbringen sollten, hatte ich mir am falschen Tag im Kalender notiert. Wenn ich putzte, übersah ich nicht selten schmutzige Stellen, die für alle anderen Leute offensichtlich waren. Bei genauerem Hinsehen jedoch erkannte ich, dass es meine kreative Seite war, die mich blind für die Details der realen Welt machte. In meinem Kopf schwirren ununterbrochen immer Tagträume und Hunderte von verrückten Gedanken herum, in die ich mich so hineinvertiefe, dass ich die neuen Fingerabdrücke an der Wand tatsächlich nicht wahrnehme, wenn ich durchs Haus gehe.

Als mir das klar geworden war, schuf ich mehr Raum für das, worin ich gut war. Ich fing an, den Kindern abends Geschichten zu erzählen. Sie gaben mir ein paar Namen von Figuren vor und ich erfand aus dem Stegreif eine Handlung. Ich übte auch eine neue Taktik ein, wenn eines der Kinder einen Wutanfall hatte. Ich fand nämlich schnell heraus, dass viele solcher Situationen sich am besten mit Humor lösen ließen. Es gefiel mir, über schwierige Probleme zu reden und kreative Lösungen zu erarbeiten. Es war nicht nur befriedigend für mich, Möglichkeiten zu finden, wie ich meine Stärken zu Hause einsetzen konnte, ich lernte dadurch auch viel über mein Funkeln. Zuvor hatte ich immer gedacht, es bestünde im Schreiben. Erst als ich mich fragte, was meine Schwächen über meine Stärken aussagten, erkannte ich, dass meine Liebe zu Worten nicht nur auf das Tippen am PC beschränkt war.

Zwei Jahre später nahm der Radiosender *SiriusXM* Kontakt zu mir auf. Sie kannten mich durch meine schriftstellerische Tätigkeit und wollten wissen, ob ich an der Moderation einer Radiosendung interessiert sei. Ich zögerte zunächst, weil ich auf diesem Gebiet keinerlei Erfahrung hatte. Aber weil ich es inzwischen gelernt hatte, meine kreative, in höheren Sphären schwebende Seite zu bejahen, gelangte ich zu der Überzeugung, dass es mir vielleicht liegen könnte, jeden Tag stundenlang in einem stillen Raum zu sitzen und zu reden. Ich nahm das Angebot an und bald schon wurde der Job für mich zur Leidenschaft. Oft werde ich gefragt, wie ich es schaffe, an jedem Arbeitstag eine zweistündige Sendung zu füllen. Meine Antwort lautet: Ich habe das Gefühl, dass die Zeit gar nicht reicht, um all meine Ideen unterzubringen! Mein Schreibtisch mag ein Chaos sein, in meinem Posteingang schlummern Hunderte ungelesener Mails, wahrscheinlich vergesse ich auch zum vierten Mal, die Kleider von der Reinigung abzuholen, aber zwei Stunden lang zu reden, ist kein Problem für mich.

Wirf also einen intensiven, ehrlichen Blick auf deine schlechtesten Eigenschaften. Wahrscheinlich wirst du entdecken, dass sie ein Kanal sind, durch den du zu deinen Superkräften findest.

9. Du solltest dir Raum geben

Wenn du die Stimme in deinem Kopf, die in einer Endlosschleife deine Fehler auflistet, nicht zum Schweigen bringen kannst, liegt das möglicherweise daran, dass du eine *externe Kontrollüberzeugung* hast. Ich werde gleich erklären, was ich damit meine. Zuerst aber ein Erlebnis, das klarmacht, warum das wichtig ist: Ich habe eine genetische Störung, die mich anfällig für Blutgerinnsel macht, vor allem in der Schwangerschaft. Meine Ärzte und ich dachten, wir hätten das Problem mit Medikamenten in den Griff bekommen. Dass dies nicht der Fall war, merkten wir erst, als meine Lunge betroffen war. Während meiner sechsten Schwangerschaft endete ich in der Notaufnahme, weil ich keine Luft mehr bekam. Es war eine Lungenembolie. Ich wurde im Krankenhausbett in ein Zimmer geschoben und an alle möglichen Schläuche und Drähte angeschlossen. Als das Pflegepersonal wieder ging, sank ich auf mein Kissen zurück. Da Joe sich zu Hause um unsere Kinder kümmerte, war ich allein. Ich schloss die Augen und lächelte vor mich hin.

Wenn man bedenkt, dass eine Lungenembolie tödlich enden kann, war das eine ungewöhnliche Reaktion. Ich lächelte, weil ich in den letzten Monaten ständig Schuldgefühle wegen meiner vermeintlichen Unproduktivität gehabt hatte. In Wirklichkeit hatte ich angesichts der Umstände Großartiges geleistet und diese Erkenntnis erleichterte mich zutiefst.

Es war Januar und vor ein paar Wochen, kurz vor Weihnachten, hatte ich unter Beweis gestellt, dass ich die schlechteste Geschenke-Einpackerin aller Zeiten war. Ich hatte vor einem Spielzeughelikopter und einer mit Weihnachtsmännern bedruckten Rolle Geschenkpapier gestanden und beides so ratlos angestarrt, als hätte ich ein Puzzle für Hochbegabte zu lösen. Mit einem tiefen

Luftholen hatte ich mich auf der Tischplatte abgestützt und dann schließlich langsam angefangen, das Papier zurechtzuschneiden. Nach jedem Geschenk, das ich eingepackt hatte, musste ich mich hinsetzen und eine Weile ausruhen. Am Ende wickelte ich nur noch blitzschnell zu viel des völlig zerknitterten Papiers um die Verpackungen und pflasterte das Ganze förmlich mit Klebeband zu.

Als ich zwischendurch auf dem Stuhl zusammensank, glaubte ich genau zu wissen, was mein Problem war: Faulheit. Klar, ich war müde, aber auch das war meine Schuld. Ich war am Abend davor zu lange aufgeblieben, um ein neues Buch zu lesen. Überhaupt blieb ich ja immer zu lange auf. Außerdem gab ich mir wie üblich nicht genug Mühe. Das Einpacken von Geschenken machte mir nicht viel Spaß, also konnte ich mich selbst schlecht dazu motivieren. Dr. Jen hatte wieder einmal die Diagnose gestellt: Ich bin eine schlechte Mutter.

Während ich mir wegen meines vermeintlichen Versagens Vorwürfe machte, waren die Blutgerinnsel bereits dabei, meine Lunge zu füllen. Die Symptome waren da, aber ich ignorierte sie, weil ich wie immer, wenn es ein Problem gab, davon ausging, dass ich die Ursache dafür war.

Ich fühle mich die ganze Zeit schlapp? Weil ich nicht gesund genug esse. Ich habe Probleme bei der Arbeit? Weil ich mich nicht genug anstrenge. Diese Denkweise war für mich zur Gewohnheit geworden und hatte mittlerweile tiefe Wurzeln geschlagen. Und sie brachte mich beinahe um.

Meinem Mann zum Beispiel wäre das nicht passiert. Mir ist an Joe damals schon früh aufgefallen, dass er nicht zu Selbstvorwürfen neigt. Wenn er ein Problem wahrnimmt, dann überlegt er zwar, ob es an ihm liegen könnte, doch er ist ebenso bereit, in Betracht zu ziehen, dass er nichts falsch gemacht hat und es die Situation ist, die verändert werden muss. Je mehr ich seine Haltung mit meiner verglich, desto mehr erkannte ich, dass meine überaus selbstkritische Einstellung sich auf fast alle Bereiche meines

Lebens negativ auswirkte. Wenn wir uns seelisch oder körperlich schlecht fühlen und jedes Mal davon ausgehen, dass unser Problem in unserem mangelnden Bemühen liegt, dann werden wir nie vorankommen – und werden auch nicht fähig sein, andere in vollem Ausmaß sehen zu lassen, dass wir da dieses Funkeln haben.

Was ist deine Kontrollüberzeugung?

Damit aufzuhören, mir selbst für alles die Schuld zu geben, war ein wichtiger Schritt, aber Joe zeigte mir noch einen entscheidenden Teil des Problems auf. Dank seines Masters in Betriebswirtschaft benutzt er gern abgehobene Fachbegriffe. In diesem Fall stellte er fest, ich hätte eine »externale Kontrollüberzeugung«. Ich verstand erst »Kontrollüberweisung« und fing an, Witze über unsere finanzielle Situation zu machen. So läuft das Gespräch zwischen zwei Menschen gern mal ab, wenn der eine an einer Eliteuniversität studiert hat und die andere … nicht.

Joe erklärte mir, manche Menschen empfänden sich selbst als grundsätzlich machtlos. Sie glauben, dass sie nicht fähig seien, ihre Lebensumstände zu ändern. Die Dinge passieren ihnen – aber nicht *wegen* ihnen. Das traf die meiste Zeit meines Lebens exakt auf mich zu und es beschreibt auch deine Lebensauffassung, wenn du eine *externale* Kontrollüberzeugung hast. Du glaubst, kaum etwas liege in deiner Macht.

Andere Menschen dagegen halten sich selbst für fähig, ihre Situation zu ändern. Was noch wichtiger ist: Sie sind auch überzeugt, dass sie das Recht dazu haben. Selbst wenn das zu ungewöhnlichen Entscheidungen führt. Oder wenn es bedeutet, dass man Hilfe in Anspruch nehmen muss. Oder andere sich dabei unbehaglich fühlen. Diese Menschen mischen alles auf, bis sie das verändert haben, was verändert werden muss, damit sie sich positiv weiterentwickeln können. Sie besitzen eine *internale* Kontrollüberzeugung.

Meine Kontrollüberzeugung lag praktisch außerhalb der Stratosphäre und es war dringend nötig, dass ich sie wieder zurückholte.

Sicherlich kann man es mit der internalen Kontrollüberzeugung auch zu weit treiben. Diktatoren zum Beispiel lieben das Gefühl, alle Macht der Welt zu haben. Die römischen Kaiser, die sich selbst für Götter hielten, hatten eine starke internale Kontrollüberzeugung. Aber wir sind nicht Gott. Wir haben nicht die vollkommene Macht über die ganze Welt, ja nicht einmal über unser eigenes Leben, und es ist wichtig, dass wir das begreifen. Bei dem, was ich früher im Buch von Chip und Joanna Gaines erzählt habe, ging es darum, dass wir unser Funkeln nicht voll und ganz einsetzen können, wenn wir nicht auf etwas vertrauen, das größer ist als wir selbst. Dennoch ist es ein großer Unterschied, ob wir die gesunde Überzeugung haben, nicht alles beherrschen zu können, oder ob wir uns für absolut machtlos halten.

Als meine Kinder alle noch klein waren, geriet ich an einen Punkt, an dem ich mich ständig in die sozialen Medien flüchtete. Wenn ich eine internale Kontrollüberzeugung gehabt hätte, dann hätte ich mir sofort meine Lebenssituation angesehen und mich gefragt, ob ich dort eine Baustelle angehen müsste. Ich hätte gemerkt, dass ich in meinen täglichen Verpflichtungen unterging und meine maßlose Internetnutzung nur ein Symptom meiner Überlastung war. Dann hätte ich zu Joe gehen und ihm sagen können: »Schatz, ich habe gemerkt, dass ich jeden Tag Stunden auf Instagram verbringe. Ich bin doch eigentlich eine vernünftige, fähige Person, die versucht, gute Entscheidungen zu treffen. Darum ist es schon seltsam, dass ich mich so verhalte. Ich habe erkannt, dass der Grund dafür in meiner Überlastung liegt, die eigentlich kein Mensch aushalten kann. Ich brauche Hilfe. Ich weiß aber nicht einmal, wie diese Hilfe aussehen könnte; ich weiß nur, dass sich etwas ändern muss. Ich brauche Entlastung, damit ich nicht weiterhin mehrmals pro Stunde auf mein Smartphone schauen muss, um den Tag bewältigen zu können. Lass uns bitte gemeinsam nach einer Lösung suchen.«

Aber so war es nicht. Weil ich eine externale Kontrollüberzeugung hatte, kam es mir nicht so vor, als ob ich meine Situation verändern könnte, also dachte ich nicht einmal darüber nach. Ich sagte mir nur: »Ich krieg's einfach nicht gebacken.«

Ich redete mir ein, ich müsse schlicht und ergreifend fokussierter werden, um das Handy beiseitelegen zu können, mehr nicht. Das verursachte mir zwar ein schlechtes Gefühl, aber es war einfach. Mich selbst zu ändern, kam mir nicht so aussichtslos vor wie meine Situation zu verändern.

Beanspruche Raum!

Wenn wir unserem Funkeln Raum geben oder unsere externale Kontrollüberzeugung etwas weiter nach innen verlagern wollen, müssen wir glauben, dass es in Ordnung ist, Raum einzunehmen, und zwar nicht nur in physischer Hinsicht. Wenn wir uns die meiste Zeit unseres Lebens machtlos fühlen, gewöhnen wir uns an, anderen aus dem Weg zu gehen. Kommt uns jemand im Flur entgegen, sind wir die Ersten, die Platz machen. Manchmal flüstern wir vielleicht sogar »Entschuldigung«, als ob die anderen das Recht hätten, hier zu sein, wir aber nicht. Unsere Familie oder unseren Chef um mehr Zeit für uns selbst zu bitten, erscheint uns unerhört. Wir entwickeln die Tendenz, uns zu verstecken.

Wenn uns zum ersten Mal bewusst wird, dass etwas nicht stimmt, es aber nicht unsere Schuld ist, empfinden wir Erleichterung. Doch sobald wir uns vornehmen, unsere Situation zu verändern, wird es ungemütlich. Klar auszuformulieren, was wir wirklich brauchen, flößt uns Angst ein; darum zu bitten erst recht. Wir haben das Gefühl, etwas ins Ungleichgewicht zu bringen, wenn wir uns für unsere eigenen Bedürfnisse einsetzen. Doch wenn wir diese Hindernisse endlich überwunden haben, begegnen wir einer echteren, kraftvolleren Version unserer selbst.

An einer Begebenheit aus meinem Leben möchte ich zeigen, wie es aussehen kann, wenn man einen großen Schritt unternimmt, um die eigene Situation zu verändern, statt sich Selbstvorwürfe zu machen. Es war die Zeit, in der ich mein zweites Buch schrieb. Ich hatte einen Vertrag mit dem Zondervan-Verlag abgeschlossen, als mein jüngstes Kind drei Jahre alt war. Zum ersten Mal schrieb ich ein Buch, das schon fest zur Veröffentlichung eingeplant war, und ich hatte große Schwierigkeiten, es fertigzustellen. Bereits zweimal hatte ich eine Verlängerung meiner Deadline erbeten. Obwohl das Verlagsteam sehr verständnisvoll war, konnte ich das nicht ein drittes Mal tun. Schreiben war zwar das, wofür ich brannte, aber es war auch sehr anstrengend. Ich schaffte es einfach nicht, meine tägliche Mindestzahl an Wörtern zu schreiben. Natürlich sagte ich mir, dass ich das Problem sei. Ich dachte daran, wie ich dreißig Minuten auf Twitter verbracht hatte (okay, es waren eher zwei Stunden) oder wie ich am Morgen ausgeschlafen hatte, statt mein Vormittagssoll zu erledigen. Ich ermahnte mich selbst, nicht so undiszipliniert zu sein und die Sache endlich hinter mich zu bringen. Dann aber hielt ich mir vor Augen, dass eine gelegentliche Ablenkung durch Social Media oder das dritte Drücken der Schlummertaste etwas ganz Normales, Menschliches war. Vielleicht war mein aktuelles Pensum das Beste, was ich erreichen konnte. Demzufolge bestünde das Problem nicht darin, dass ich mich nicht genug anstrengte, um innerhalb meiner üblichen Bandbreite zu arbeiten – stattdessen brauchte ich eine größere Bandbreite.

Immer wieder kam mir ein Gedanke: *Ich sollte mich in einem Hotel einmieten.* Doch jedes Mal, wenn diese Idee auftauchte, blieb mir fast die Luft weg angesichts ihrer Dreistigkeit. Wer war ich, dass ich meinte, so viel Raum im Kalender und im Budget unserer Familie einnehmen zu dürfen?

Rein organisatorisch gesehen wäre es umsetzbar. Mein Verleger hatte mir einen Vorschuss bezahlt und das ist ja unter anderem der Sinn der Sache: Man soll genug Ressourcen zur Verfügung haben, um das Buch fertig zu bekommen. Bestimmt würde ich im Hotel die Ruhe haben, um konzentriert zu arbeiten – anders als zu Hause, wo gerade heute Morgen eines der Kinder eine halbe Stunde lang geschrien hatte, weil eins der Geschwister seine Bettdecke schief angeschaut hatte. Ich wusste, dass Joe mich in dieser Sache sehr wahrscheinlich unterstützen würde. Trotzdem: Jedes Mal, wenn ich mir vorstellte, ins Hotel zu gehen, kam ich mir vor wie eine Schülerin, die sich unerlaubt aus dem Klassenzimmer entfernt.

Doch der Gedanke, mein Manuskript nicht abgeben zu können, überwog am Ende. Ich hatte gar keine andere Wahl, als ins Hotel zu gehen, wenn ich auch nur ein Fünkchen Hoffnung auf ein fertiges Buch haben wollte, mit dem ich zufrieden war. Überwältigt von meiner Unentschlossenheit *(In welches Hotel soll ich überhaupt gehen?)*, von meinen Sorgen, was in meiner Abwesenheit alles passieren könnte *(Der Geruch, der da aus dem Wohnzimmer kommt, verheißt nichts Gutes!)*, und dem hartnäckigen Gefühl, dass ich gar nicht das Recht hatte, um so etwas zu bitten *(Für wen hältst du dich? Hemingway, der in seiner Hütte schreibt?)*, nahm ich all meinen Mut zusammen. Ich ging zu Joe und sagte ihm, dass ich dieses Buch nur beenden konnte, wenn ich für ein paar Tage in ein Hotel zog.

Ich weiß, das hört sich alles übertrieben an. Natürlich war es an sich keine besondere Heldentat. Doch wenn man sein ganzes Leben lang das Gefühl hatte, sich im eigenen Alltag keinen Raum geben zu können, dann ist das ein gewaltiger Wendepunkt. Die Ressourcen in Anspruch zu nehmen, die man braucht, um seine Mission zu erfüllen, ohne sich zu entschuldigen, ist eines der furchterregendsten und mächtigsten Dinge, die wir tun können.

Natürlich war Joe einverstanden. Seine Begeisterung war sogar so groß, dass ich den Eindruck bekam, er habe schon lange damit gerechnet, dass die geplagte Künstlerin etwas Freiraum brauchte.

Also buchte ich das Zimmer und beendete mein Buch in einem schönen Hotel nur wenige Kilometer von meinem Zuhause entfernt.

Wenn du das Gefühl hast, dass in deinem Leben etwas nicht stimmt, solltest du nicht automatisch annehmen, du hättest dich nicht genug bemüht. Du solltest für diese Möglichkeit zwar offen bleiben, sie aber nicht als die erste und einzige Antwort betrachten. Und wenn du manchmal entdeckst, dass das Problem nicht bei dir liegt, sondern dass deine Lebensumstände sich ändern müssen, dann ist es völlig legitim, dass du Raum beanspruchst – in räumlicher, finanzieller oder zeitlicher Hinsicht. Sei mutig, verursache ruhig ein paar Wellen; tu, was nötig ist, damit du das bekommst, was du brauchst. Du wirst feststellen: Der innere Friede, den du danach empfindest, ist nicht nur eine Erleichterung für dich, sondern auch ein Geschenk für alle anderen.

10. Du hast dein eigenes Lebenstempo

Eine Freundin von mir lebt auf einer Farm. Sie und ihre Familie haben die Vorstadt verlassen und sind auf ein acht Hektar großes Grundstück gezogen, wo sie jetzt Hühner und Ziegen züchten und einen großen Garten bewirtschaften. Als ich sie das letzte Mal besucht habe, sind wir auf ihrem Gelände umhergeschlendert und sie hat mir Geschichten aus ihrem Alltag erzählt: Beim Melken einer Ziege hatte sie deren großes Geschäft abbekommen; sie war glücklich, dass sie endlich die beste Methode gefunden hatte, ein Huhn zu schlachten; zusammen mit ihren Töchtern hatte sie das ganze Wochenende mit dem Einkochen ihrer eigenen Tomaten verbracht und an ihrer Hand war noch der Wespenstich zu sehen, den sie sich beim Pflücken geholt hatte. Sie packte mir ein paar Gläser Tomaten ein und bemerkte beim Betrachten ihres Werkes: »Es ist beruhigend zu wissen, dass unsere Familie sich selbst versorgen kann. Selbst wenn da draußen die Welt untergehen würde, könnten wir uns komplett von unserem Land ernähren.«

Ich nickte und fand mich mit dem Gedanken ab, dass unsere Familie beim Zusammenbruch der Weltwirtschaft wahrscheinlich zu denen gehören würde, die verhungern. Selbst wenn wir mit Sicherheit wüssten, dass eine Notsituation eintreten wird, in der die Lebensmittel knapp werden, könnten wir keinen Bauernhof bewirtschaften.

Es gibt viele Gründe, warum Familie Fulwiler niemals auf eine Farm ziehen wird. Einer davon ist, dass niemand von uns auf diesem Gebiet irgendwelche Fähigkeiten besitzt. Aber es gibt noch einen anderen Grund: Es ist nicht unser Lebenstempo.

Das ist ein wichtiger Aspekt, auf den du besonders achten

solltest, denn darüber wird selten gesprochen – dabei ist es der Grund, warum sich so viele Menschen davon abhalten lassen, ihr Funkeln in die Welt zu bringen: Du musst dein Leben in einem Tempo führen, das dir entspricht.

Nehmen wir einmal an, Backen wäre deine große Leidenschaft. Du hast für die Geburtstagsfeier deiner Nichte Plätzchen gebacken und dabei mit viel Freude jedes einzelne mit einer besonderen Verzierung versehen. Die begeisterten Reaktionen der Kinder auf der Party haben dich glücklich gemacht. Du überlegst schon, wann du das nächste Mal wieder in Aktion treten kannst. Inspiriert und voller Tatendrang suchst du in Büchern oder im Netz nach Anregungen, was du noch machen könntest. Sofort wird dir dort nahegelegt, du solltest groß denken. Nein, *noch* größer! Du backst gerne Plätzchen? Dann solltest du eine Konditorei eröffnen, sie anschließend zu einem Franchise-Unternehmen weiterentwickeln und am Ende zu einem echten Cookie-Empire, das die gesamte Konkurrenz blass aussehen lässt. Du bekommst das Gefühl vermittelt: Wenn ich nicht all diese großen Träume habe, dann engagiere ich mich anscheinend nicht genug für mein Talent oder ich lasse mich von meinen Ängsten zurückhalten.

Ich mag Botschaften, die uns ermutigen, grenzenlos zu träumen. Das ist gut. Die Sache ist nur, dass nicht alle Menschen auf einer so hohen Ebene träumen. Die meisten aus meinem Freundeskreis sind nicht wild darauf, eines der amerikanischen Topunternehmen zu leiten. Sie wollen nicht unbedingt Millionen verdienen. Und das nicht deshalb, weil sie faul oder ängstlich wären, sondern weil es einfach nicht ihrem Lebenstempo entspricht. Wenn du dir vorstellst, wie du eine Leidenschaft zum Funkeln bringst, solltest du dir keine Grenzen setzen, wie groß oder wie klein du träumen willst.

Mein Vater ist ein gutes Beispiel dafür. In den letzten Jahren seines Lebens bestand sein besonderes Funkeln darin, der Chauffeur unserer Familie zu sein. Er fuhr die Kinder zu all ihren Aktivitäten, und wenn sie zusammen unterwegs waren, gab er

Geschichten aus seiner eigenen Kindheit zum Besten, die er als Amerikaner im mexikanischen Dschungel verbrachte hatte, oder er erzählte von seiner Zeit als Mitglied einer Spezialeinheit im Vietnamkrieg. Er war ein Geschichtenerzähler par excellence und die Kinder waren hin und weg. Das Ganze hatte begonnen, als ich mich von meiner Lungenembolie erholte und noch nicht wieder in der Lage war, selbst am Steuer zu sitzen. Also entschuldigte ich mich ständig bei ihm und versprach, seine Dienste künftig nicht mehr so oft in Anspruch zu nehmen. Dann aber erkannte ich, wie sehr er das Ganze genoss. Jeden Tag freute er sich auf die Zeit mit seinen Enkelkindern. Er machte Fotos von ihren täglichen Abenteuern und schrieb all ihre lustigen Sprüche auf. Zu diesem Zweck hatte er extra ein Notizbuch angefangen, das er immer dabeihatte. Wenn er abends das letzte Kind von der letzten Aktivität zurückgebracht hatte, fuhr er nach Hause, briet sich Hähnchen oder ein Steak für ein frühes Abendessen und schaute Sportsendungen. Bevor er schlafen ging, verschickte er noch eine E-Mail, in der er von seinen Lieblingserlebnissen des Tages berichtete, und hängte die besten Fotos an. Schreiben und Fotografieren brachten sein Funkeln zum Vorschein und er tat beides mit viel Herzblut – mitten in seinem Opa-Alltag. Mit der Zeit baten ihn so viele Freunde und Familienangehörige um seine täglichen Updates, dass er am Ende Dutzende von Fans hatte und Leute nachfragten, wenn er einmal einen Tag ausließ.

Mein Vater verstarb unerwartet. Es ist noch nicht lange her und geschah, während ich dieses Buch schrieb. Tatsächlich stand in der Endfassung dieser Abschnitt noch im Präsens und ich musste ihn noch einmal durchgehen und alle Verben in die Vergangenheitsform setzen. Wenn ich über die letzten paar Jahre nachdenke, in denen wir nicht ahnten, dass es für meinen Vater die letzten sein würden, bin ich so dankbar, dass er jeden Tag so viel Freude erleben durfte. Diese Freude bestand zum großen Teil darin, dass er sein Funkeln aufleuchten lassen konnte, und zwar in seinem Lebenstempo. Hätte er unter dem Druck gestanden, eine größere, glamourösere Verwendung für seine Talente zu finden, hätte er die letzten Gelegenheiten auf unwiederbringliche Augenblicke mit seinen Enkeln verpasst – Augenblicke, die nun zu Erinnerungen geworden sind, die die Kinder für den Rest ihres Lebens begleiten werden.

Es ist okay, wenn du schnell (oder langsam) leben möchtest

Wenn es darum geht, das richtige Tempo für das eigene Leben zu finden, stehen wir nicht nur unter dem Druck, größer und schneller zu leben. In der Zeit, in der ich wegen der Kinder nicht berufstätig war, sagte man mir in der Regel das Gegenteil: Auf Social-Media-Kanälen las ich jeden Tag, wie ich die Zeit zu Hause mit genügend Pausen füllen konnte. Ich sollte meinen Ehrgeiz beiseitelassen, vor allem, solange die Kinder noch klein waren. Nicht so viel herumrennen, lieber mehr Tee schlürfen. Mir weniger Ziele setzen und mehr freie Zeit zum Durchatmen nehmen.

Diese Ratschläge haben ihre Berechtigung. In meinem Freundeskreis pflegen so manche, die ich bewundere und respektiere, diesen Lebensstil. Und viele Menschen finden Frieden darin, weniger zu tun und mehr zu entspannen. Aber es ist auch wichtig zu wissen, dass ein langsames Tempo nicht für jeden geeignet ist.

Als meine ersten drei Kinder auf der Welt waren und alle noch Windeln trugen, hatte ich niemandem zum Babysitten und das jüngste wachte jede Nacht mehrmals auf. Joe befand sich mitten in einer beruflichen Übergangssituation und wir hatten Mühe, jeden Monat unsere Rechnungen zu bezahlen. Zu der Zeit hatte ich meinen Blog, und als ich dort erwähnte, dass ich mir ein Ziel gesetzt hatte, wie oft ich dort ein Update posten wollte, äußerten sich viele besorgt.

»Setz dich nicht selbst unter Druck!«, wurde ich ermahnt. »Du wirst noch im Burn-out enden. Du musst für deine Kinder da sein.«

Ich sollte es unbedingt *langsamer* angehen lassen. Verschnaufen. Ausruhen. Wenn ich schon unbedingt ein Hobby haben musste, dann auf jeden Fall nur ganz nebenbei, ohne irgendwelchen Druck.

Ich versuchte es.

Tagsüber, wenn die Kinder mit etwas Lehrreichem beschäftigt waren, wie zum Beispiel sich gegenseitig ihre Puppen um die Ohren zu hauen, versuchte ich diesen langsameren Lebensstil anzunehmen. Ich musste tatsächlich danach googeln: »*Wie entspannt man sich richtig?*« Ich zündete Kerzen an und legte klassische Musik auf. Ich atmete tief durch. Einmal versuchte ich auch, selbst Brot zu backen, aber das endete damit, dass ich von oben bis unten mit Mehl bedeckt war und meinen Kindern über die Schulter zurief: »Dieses Wort, das Mama gerade benutzt hat, darf man auf keinen Fall sagen!« Ich hatte das Gefühl, jeden Moment aus der Haut zu fahren. Statt die langsameren Tage zu nutzen und jeden Augenblick zu genießen, fragte ich mich, ob ich mir vielleicht Beruhigungstabletten verschreiben lassen musste, damit dieses Tempo für mich funktionierte.

Eines Tages beschloss ich, nicht mehr auf das zu hören, was alle anderen sagten, und es auf meine eigene Art zu machen. Ich wusste, dass Schreiben mich zum Funkeln brachte, also versuchte ich es hier mit einem anderen Tempo. Statt herunterzufahren, fuhr ich hoch. Wenn die Kinder schliefen, packte ich meinen Laptop aus und nahm mir vor, wie viel ich schaffen wollte. Ich war ehrgeizig. Ich versuchte, eine Anzahl an Wörtern zu schaffen, die von den meisten Schreibenden für unmöglich gehalten wurde. Auf dem Schreibtisch platzierte ich das Babyphon, dann startete ich meine Playlist mit den Dance-Remixen und Hip-Hop und machte mich an die Arbeit.

Während der Bildschirm sich mit Buchstaben füllte, fühlte ich mich lebendiger denn je. Irgendwann schaute ich auf die Uhr und stellte fest, dass ich noch etwas schneller werden musste, wenn ich mein Etappenziel erreichen wollte. Ich hatte das Gefühl, so wach zu sein wie schon seit Wochen nicht mehr, obwohl ich in der Nacht davor kaum geschlafen hatte. Die Kinder wachten früher auf, als ich dachte, und so kam ich zwar nicht ganz an die geplante Wörterzahl heran, aber es hatte sich so gut angefühlt, es zu versuchen! Die Herausforderung hatte mich nicht gestresst, sondern motiviert.

Tatsächlich fand ich mit der Zeit heraus: Je mehr ich meinem Hang zu – von nach außen betrachtet – stressigen Situationen nachgebe, desto mehr habe ich das Gefühl, ich selbst zu sein.

Diese Erkenntnis wandte ich nun auf alle Bereiche meines Lebens an. An einem Wochenende kam ich mir verloren und antriebslos vor. Meine schlechte Laune wirkte sich auf die ganze Familie aus. Bei vielen Menschen hätte die Lösung wahrscheinlich darin bestanden, alle Termine abzusagen und in der Stille aufzutanken. Für mich aber war etwas anderes dran: Ich musste etwas Verrücktes tun. Darum beschloss ich, die Kinder zu bitten, mir beim Streichen eines Zimmers zu helfen, auch wenn ich so etwas noch nie zuvor gemacht hatte. Joe kam vom Einkaufen nach Hause und blieb abrupt stehen. Es dauerte eine Weile, bis er die Szene, die sich ihm da bot, verarbeitet hatte: Ich hielt einen Pinsel in der Hand, von dem lindgrüne Farbe heruntertropfte, während die Kinder um mich herumhüpften. »Das ist wohl das Verrückteste, was du jemals getan hast«, brachte er erstaunt heraus.

Es war verrückt, aber es funktionierte. Dieses witzige Projekt holte mich aus meinem Trott heraus und verbreitete im ganzen Haus eine fröhliche Atmosphäre. Und ich war nur deshalb auf die Idee gekommen, weil ich gelernt hatte, mich nicht mehr dafür zu entschuldigen, dass ich ein schnelles Lebenstempo liebe.

Bei diesem Thema muss ich oft an Hunde denken. Wer einen Golden Retriever hat, der weiß, dass diese Tiere gern apportieren. Das liegt in ihrer Natur. Früher war ich wie ein Golden Retriever, der sagt: »Ach, ich sollte doch mehr wie der Spaniel da drüben sein, der die ganze Zeit einen auf Schoßhund macht. Warum will ich bloß immer allem Möglichen hinterherrennen?«

Ein Greyhound sollte sich freuen, dass er gerne rennt, und ein Basset, sollte es akzeptieren, dass er sich lieber langsamer fortbewegt. Es wäre eine schreckliche Vorstellung, wenn ein Greyhound versuchen würde, wie ein Basset, zu leben, oder umgekehrt.

Das Tempo, das für uns das richtige ist, kann sich im Lauf des Lebens ändern. Um noch einmal meinen Vater als Beispiel anzuführen: Er hatte früher ein sehr intensives Leben. Nachdem er seine Kindheit auf verschiedenen Ranches in Tampico, Mexiko, verbracht hatte, schloss er sich den Green Berets, einer Eliteeinheit der amerikanischen Streitkräfte, an. Er wurde dort zum Ausbilder in einer speziellen Technik des Fallschirmsprungs, die sich HALO nennt (high altitude, low opening). Das bedeutete, dass er den Soldaten beibrachte, in einer großen Höhe aus dem Flugzeug zu springen und ihren Fallschirm erst sehr spät zu öffnen, oftmals bei Nacht. Er bildete auch Sprengkommandos aus, zeigte also anderen Spezialeinheiten, wie man Explosionen plant. Das war ein ganz anderes Lebenstempo als in späteren Jahren, in denen er seine Enkelkinder in der Vorstadt herumfuhr, und doch war jede Geschwindigkeit für die jeweilige Lebensphase die richtige.

Auch wenn du meinst, dein bevorzugtes Tempo bereits zu kennen, solltest du doch alle paar Monate einmal prüfen, ob es immer noch angemessen ist, damit du dich positiv weiterentwickeln kannst.

Orientiere dich an deinem Schlafrhythmus

Die vielleicht wichtigste Frage des eigenen Lebenstempos ist, wie und wann wir schlafen. Zu diesem Thema kann man sich viel anhören. Meistens lauten die Tipps so: *Geh früh schlafen. Steh früh auf. Treib am Morgen Sport. Nutze jede Gelegenheit zum Power-*

napping. Schlafe jede Nacht gleich lang. Halte jeden Tag denselben Rhythmus ein.

Fast zwei Jahrzehnte lang habe ich versucht, diesen gängigen Weisheiten zu folgen. Ich stand früh auf, zwang mich zu sportlichen Aktivitäten und versuchte möglichst viel zu erledigen. Um neun Uhr morgens war ich in der Regel schon voll im Gange. Auf diese Weise, so wurde mir gesagt, würde ich mich stark fühlen und hätte mein Leben voll im Griff. »Das Aufstehen war schwierig, aber es hat sich gelohnt«, so wurde es von mir erwartet zu sagen, während ich dem Sonnenaufgang entgegenlächelte. Stattdessen sagte ich: »Das ist einfach furchtbar. Ich wünschte, ich wäre noch im Bett«, und schlug die Fensterläden zu, um das Licht auszusperren.

Nachts lebe ich auf. Du kennst wahrscheinlich diese Szenen aus Star Trek, wenn William Shatner alias Captain Kirk den Turboknopf drückt und alle Schauspieler sich in ihren Sesseln zurücklehnen, um zu zeigen, dass das Raumschiff *Enterprise* jetzt mit Warp-Geschwindigkeit fliegt? Genau das passiert mit mir abends um zehn. Egal wie müde ich bin oder was für einen harten Tag ich hinter mir habe, mein Körper drückt den Turboknopf. Ich werde unbesiegbar. Ich sprühe vor Ideen und bin bereit, es mit der ganzen Welt aufzunehmen. Es gibt Leute, die witzeln, ich würde mir die Mühe des Homeschoolings nur deshalb machen, damit der Unterricht morgens später anfangen kann.

Ich dachte immer, irgendwann könnte ich aus mir einen Morgenmenschen machen – immerhin funktioniert dieser Rhythmus bei den meisten, die ich kenne, wunderbar. Doch nachdem ich es also zwanzig Jahre lang vergeblich versucht hatte, beschloss ich zu akzeptieren, dass ich eine Nachteule bin. Ich bin einfach so veranlagt. Mich darauf einzustellen, veränderte mein Leben enorm. Doch hier hören die neuen Erkenntnisse über den Schlaf noch nicht auf.

Als ich durch Selbstexperimente herausfinden wollte, welches Schlafmuster sich für mich am besten eignete, fragte ich in meinem Umfeld herum, wie es bei anderen war. Seitdem bin ich überzeugt, dass es ein paar grundlegende Dinge gibt, die wir uns alle klarmachen sollten, wenn es um unser Verhältnis zum Schlafen geht. Zum Beispiel ist es wichtig zu wissen, wie lange wir brauchen, um einzuschlafen, wie leicht wir aufzuwecken sind und so weiter. Wenn man all diese Faktoren zusammennimmt, weiß man, welcher Schlaftyp man ist. So wie das Wissen um den eigenen Persönlichkeitstyp hilfreich sein kann, um die eigenen Stärken und Schwächen zu verstehen, kann das Wissen um den eigenen Schlaftypus uns helfen, die bewusste Entscheidung zu treffen, wann und wie wir uns ausruhen wollen. Egal, ob du etwas ganz Besonderes mit deinem Funkeln erreichen oder einfach nur nicht die ganze Zeit erschöpft sein willst: Es lohnt sich, dir über diesen Bereich Gedanken zu machen.

Nach einer ausgeklügelten Analyse meiner eigenen Erfahrungen und langer Kommentare auf Instagram kam dabei für mich folgende Aufstellung der verschiedenen Schlaftemperamente heraus:

Die Schlaftypen nach Jens Privatforschung:

schnelles Einschlafen [S] / [L] längere Einschlafphase
tendenziell tiefer Schlaf [T] / [L] tendenziell leichter Schlaf
Morgenmensch [M] / [N] Nachteule
bei Schlafmangel sehr erschöpft [E] / [F] trotz Schlafmangel
recht fit

Diese Klassifizierung passt auch auf das, was ich von anderen gehört habe. Ich selbst bin ein LTNF-Typ, was bedeutet, dass die Umsetzung der üblichen Weisheiten über gesunden Schlaf bei mir verheerende Auswirkungen hätte. Früher bekam ich zum Beispiel oft den Hinweis, ich solle »schlafen, wenn das Baby schläft«. Es ist nicht übertrieben, wenn ich sage, dass ich diesen Satz ungefähr einmal pro Woche hörte. Also probierte ich es aus. Weil ich aber ein L-Typ bin, war ich gerade erst eingeschlafen, wenn das Baby wieder wach wurde. Das T sorgte dafür, dass ich beim Aufwachen das Gefühl hatte, in einem tiefgefrorenen Zustand zu sein. Aufgrund von N nahm mein Körper dieses Fünf-Minuten-Nickerchen als Signal, mich die ganze nächste Nacht wach liegen zu lassen. Und nur dank F killte ich daraufhin niemanden.

Wenn du dich von deinem Funkeln zum richtigen Lebenstempo führen lässt, dann nimm das doch zum Anlass, auch mehr auf deinen individuellen Schlaftyp einzugehen. Wenn du ein SLME-Typ bist, dann lass dir nicht von den Nachteulen einreden, es wäre toll, die ganze Nacht an einem Projekt zu arbeiten und dich dann am nächsten Tag mit Kaffee über Wasser zu halten. Und wenn du eher ein LLME-Typ bist, musst du dich nicht entschuldigen, weil du morgens länger im Bett liegst als all die anderen Leute, die du kennst. Wenn dein dritter Buchstabe ein fett gedrucktes N ist, so wie bei mir, und dein Körper erst um Mitternacht so richtig auf Touren kommt, solltest du akzeptieren, dass du weder dir noch sonst jemandem einen Gefallen tust, wenn du deinen Wecker auf fünf Uhr morgens stellst.

Lass dich von Menschen mit unterschiedlichem Tempo inspirieren

Wenn wir unsere Veranlagung und das für uns richtige Lebenstempo akzeptieren, passiert etwas Schönes: Wir fühlen uns nicht mehr unterlegen, wenn wir auf Menschen treffen, die ein anderes Tempo haben. Wir lassen uns von ihnen eher inspirieren als entmutigen.

Einmal folgte ich dem Instagram-Account einer Frau nur deswegen nicht mehr, weil ich mir wie eine Verliererin vorkam, wenn ich ihre Updates las. Sie lebt in einer kleinen, von Bäumen gesäumten Straße und hört jeden Morgen idyllische Musik. Sie hat kleine Kinder, aber irgendwie wirkt ihr Haus immer friedlich.

An dem Tag, als ich mich von ihrem Account verabschiedete, war mein Haus ein einzige lärmerfüllte Rumpelkammer. Meine Liebe zum schnellen Lebensstil hatte dazu geführt, dass ich mir zu viel aufgehalst hatte. (Ein kleiner Tipp am Rande: Man sollte sich kein Marie-Kondo-Aufräumprojekt für das ganze Haus vornehmen, wenn man kurz vor dem Abgabetermin eines umfangreichen Buchmanuskriptes steht.) Während ich über halb sortierte Stapel mit allem möglichen Plunder stolperte und schrie, jemand solle dieses Durcheinander gefälligst beseitigen, postete diese Frau ein Video von ihren Kindern, wie sie aus reiner Freude Geige übten, während die Sonnenstrahlen durch die Fenster ihres ansonsten blitzsauberen und stillen Hauses hereinblinzelten. Das war einfach zu viel für mich.

Seit ich jedoch verstanden habe, dass mein Lebenstempo im Vergleich zu dem anderer nicht minderwertig ist, fühle ich mich auch nicht mehr schlecht, wenn Menschen anders leben als ich. Ich kann von ihnen lernen, weil ich mich nicht mehr ablehnend verhalte. Inzwischen bin ich wieder Followerin von besagter Frau und ihre Inhalte inspirieren mich. Ich sehe jetzt nicht mehr alles, was sie tut, als eine Infragestellung dessen, was ich selbst tue. Das liegt daran, dass ich meine persönliche Lebensweise nicht mehr als Versagen betrachte, selbst wenn mir die Dinge manchmal über den Kopf wachsen.

Hallie Lord, meine beste Freundin, hat ein Funkeln, das meinem ähnlich ist. Sie ist ebenfalls Autorin und Radiomoderatorin, aber sie setzt diese Gaben ganz anders ein als ich, weil sie ein langsameres Lebenstempo liebt. Sie sitzt gern auf der Veranda ihres Hauses in Charleston und schaut dem Regen zu, während sie Limonade trinkt. Wenn sie hört, dass ich noch spätabends am Schreibtisch sitze, um einen Abgabetermin einzuhalten, neckt sie mich, indem sie mir Fotos schickt, wie sie die Füße auf den Schaukelstuhl hochgelegt hat. Meine Antwort lautet dann immer: »LANGWEILIG!«

Einmal bat sie mich um Hilfe, weil sie sich auf einen großen

Karrieresprung vorbereiten wollte. Ich schlug eine Telefonkonferenz vor und trat mit einer fertigen Tagesordnung an. Die Punkte darauf waren nach Prioritäten geordnet und ich fing erst an zu reden, nachdem ich mich versichert hatte, dass Hallie ihren Laptop aufgeklappt hatte und bereit war, sich Notizen zu machen. Meiner Meinung nach hatten wir gerade erst begonnen, als sie tief ausatmete und erklärte, sie wolle sich jetzt erst einmal eine Weile hinlegen. (Hieran sieht man unsere unterschiedlichen Schlaftemperamente. Hallie ist ein SLME-Typ, also braucht sie zwischendurch mal ein Nickerchen.)

Es bereichert unser beider Leben, dass wir ein unterschiedliches Tempo haben. Ich verdanke es ihrem Einfluss, dass ich gelegentlich daran denke, mich mit einem Schaumbad zu entspannen, und sie hat meinetwegen eine Liste mit ihren persönlichen Zielen angelegt.

Das eigene Lebenstempo zu berücksichtigen, ist der Schlüssel, um sich selbst als die Person anzunehmen, die man zu sein bestimmt ist. Wenn uns das gelingt, hören wir auf, uns mit anderen zu vergleichen. Und wir hören auf, andere zu verurteilen. Wir finden Gemeinschaft mit Menschen, die nach einem anderen Tempo leben, und können unsere Unterschiede nutzen, um einander zu beflügeln, während wir mit unserem Funkeln die Welt heller machen.

11. Du kannst Geschichte schreiben

Mein erstes Buch handelte davon, wie ich als Atheistin zum Glauben gefunden habe. Das Manuskript entstand im Verlauf von fünf Jahren, in denen ich meine ersten vier Kinder zur Welt brachte. Es war eine so einschneidende Erfahrung, dass diese zum Thema meines zweiten Buches wurde: *One Beautiful Dream*.

Als ich das erste gedruckte Exemplar in der Hand hielt, zeigte ich es ganz aufgeregt Joe. Der fing an zu lachen.

»Bitte?«, fragte ich.

Er brachte kaum ein Wort heraus, so amüsiert war er über das, was ihm gerade in den Sinn gekommen war. »Unfassbar!«, rief er und lachte weiter. »Mir ist gerade erst aufgefallen, dass du ein Buch darüber geschrieben hast, wie du ein Buch geschrieben hast.«

»Wie bitte? Nein, hab ich nicht. Darum geht es hier doch gar nicht.« Ich stopfte das Buch in meine Tasche zurück, wo es vor ihm sicher war. Joe würde mein cooles Cover nicht mehr zu Gesicht bekommen, solange er keinen Respekt vor meinem Werk hatte.

Nach seinem Vorschlag, der Untertitel solle besser *Das Buch zum Buch* lauten, brachte ich ihn dazu, mal für einen Augenblick ernst zu sein. Er stimmte mir zu, dass es eine tolle Geschichte war. Ich hätte mir nicht so viel Mühe gegeben, sie aufzuschreiben, wäre es anders gewesen. Nach dem Erscheinen erhielt ich viele positive Rezensionen. Selbst diejenigen, die nur einen einzigen Stern vergaben, räumten ein, dass das Buch sehr unterhaltsam sei – das Problem war eher, dass sie mich als Person nicht mochten.

Warum war es eine gute Geschichte?

Weil jeder Mensch, der um das kämpft, wofür er brennt, eine gute Geschichte zu erzählen hat: Es geht um Leidenschaft und Risiko, um den verzweifelten Versuch, das zu tun, wozu man geboren wurde, selbst wenn so vieles dagegenspricht.

Wir sind für Geschichten geschaffen

Wir alle sehnen uns nach einem interessanten Leben. Mit anderen Worten: Wir möchten gern eine großartige Geschichte leben. Und Geschichten erfordern per Definition, dass sie spannend sind. Wenn ich dir erzähle: »Ich bin heute zum Briefkasten gegangen, habe die Post herausgeholt und bin wieder ins Haus zurück«, so ist das keine Geschichte. »Alles lief gut und wird auch weiterhin gut laufen« ist eine Aussage, keine Geschichte.

Nun stell dir aber mal vor, ich würde dir Folgendes erzählen: »Ich wollte zum Briefkasten gehen, weil ich dringend ein Päckchen erwartete und dachte, es sei vielleicht angekommen. Als ich am Briefkasten war, hielt neben mir eine Limousine an. Eine getönte Fensterscheibe glitt nach unten und eine Frau mit übergroßer Sonnenbrille befahl mir einzusteigen.« Jetzt haben wir eine Geschichte. Da ist Leidenschaft. Da ist ein Rätsel. Man verliert die Kontrolle über sein Leben. Es gibt unerwartete Herausforderungen. Es herrscht … Spannung.

Eins meiner Lieblingsbücher ist *A Million Miles in a Thousand Years – How I Learned to Live a Better Story* von Donald Miller. Darin erzählt er, wie er sein Leben als eine Geschichte zu verstehen begann. Dank des Erfolgs seines ersten Buches sollte ein Film über sein Leben gedreht werden. Doch nachdem das Produktionsteam eingetroffen war, gab es ein Problem. Man sagte ihm, sein gegenwärtiges Leben eigne sich nicht für eine Verfilmung, weil es kein richtiges Ziel habe. Damit eine gute Geschichte entstehe, müsse die Hauptfigur Ziele und Träume haben und dafür ganz reale Risiken eingehen. In Millers Leben gab es nichts davon. Er schreibt: »[Ihre Worte] klangen in meinen Ohren wie eine Anklage. Ich fühlte mich angegriffen, so als ob mein Leben in ihren Augen nirgendwo hinführe. Natürlich war mir das selbst auch klar gewesen, aber dass andere es offen aussprachen, schien mir nicht richtig.«[18]

Im weiteren Verlauf des Buches beschreibt Miller, wie er gelernt hat, eine bessere Geschichte zu leben. Zum einen erkannte er, dass man sich vor Verlusten und dem eigenen Versagen nicht fürchten muss, sondern gerade daran sehen kann, dass man etwas richtig gemacht hat. Er schreibt: »Niemand erinnert sich an Geschichten, in denen alles glattgeht. Die handelnden Personen müssen sich ihren größten Ängsten mutig stellen. Das macht eine gute Geschichte aus. Wenn wir an die Geschichten denken, die wir am meisten mögen, sind es sehr wahrscheinlich solche, in denen es viele Konflikte gibt. Vielleicht geht es dabei sogar um Leben und Tod, um einen inneren Tod oder den tatsächlichen.«[19]

Das eigene Leben als eine Geschichte zu verstehen, eröffnete Miller die Sichtweise, dass selbst unsere schlimmsten Momente von heilender Natur sind. Leid und Verlust verbinden uns miteinander und es braucht sowohl Triumphe als auch Tragödien, wenn es sich wirklich lohnen soll, eine Geschichte zu erzählen. Er vergleicht die glücklichen und traurigen Momente unseres Lebens mit Farben, die Gott gebraucht, um unsere Welt zu malen.

Letztendlich verwandelte sich Millers Lebenseinstellung grundlegend. Statt Entscheidungen anhand der Frage zu treffen: »Werde ich Erfolg haben oder scheitern?«, fragte er sich nun: »Wird daraus eine große Geschichte?«

Zu viele von uns leben in Gefängnissen, die wir uns selbst gebaut haben und deren Gitterstäbe aus Ängsten und Perfektionismus bestehen. Der schnellste Weg in die Freiheit ist auch für uns nicht die Frage: »Werde ich scheitern?«, sondern: »Egal, ob ich Erfolg habe oder scheitere: Wird daraus eine große Geschichte?«

Die Luxemburg-Lektion

Als mein erstes Buch erschien, ermutigte mein Verlag mich dazu, auf Lesereise zu gehen. Wir konnten nur in wenigen Städten Station machen und so bat ich online meine Followerschaft, ihre Postleitzahlen in ein Formular einzugeben, wenn sie sich eine Lesung von mir in ihrer Region wünschten. Dann speisten wir die Daten in eine Landkarten-Software ein, um visuell erfassen zu können, wo sich meine Fans befanden. Dabei machten wir eine erstaunliche Entdeckung: Sehr viele Menschen, die meinen Kanälen folgten, lebten in Luxemburg. Ich hätte nie gedacht, dass ich dort eine Fanbasis hatte, aber die Daten waren eindeutig. Natürlich befanden sich die meisten Treffer in den USA, aber auch in ein paar anderen Teilen der Welt. In der Stadt Luxemburg schien es besonders viele zu geben, ein paar auch in Esch-sur-Alzette.

Mein Verlagsteam unterstützte mich ganz wunderbar. Natürlich würde eine Reise nach Luxemburg unser Budget mehr belasten als die Lesungen in den Staaten, aber wenn es dort genug Interesse gab, war der Verlag bereit, die Reise zu finanzieren. Wir entwarfen eine Strategie, mit der wir den Plan in die Tat umsetzen konnten. In unseren Netzwerken fragten wir nach Buchläden in Luxemburg, in denen Lesungen auf Englisch möglich wären.

Kurz bevor die Reise stattfinden sollte, schaute ich mir die Landkarten-Software noch einmal genauer an – und entdeckte einen Fehler: Obwohl das Programm so programmiert war, dass es Postleitzahlen auf einer Landkarte darstellen konnte, erkannte es Zahlen, die mit einer Null begannen, nicht als amerikanische Standorte. Es lokalisierte diese in Europa. Und rate mal, wo in Europa sie sich befanden? Genau. Alle Luxemburg-Treffer stammten in Wirklichkeit aus Connecticut und anderen Regionen in den USA, deren Postleitzahlen ebenfalls mit einer Null beginnen. Ich hatte keine Fans in Luxemburg. Nicht einen einzigen.

Stell dir nur einmal vor, wie ich in einer Buchhandlung in der Stadt Luxemburg sitze, nachdem ich aus meiner Heimat in Texas um die halbe Welt gereist bin. Neben mir liegt ein Stapel Bücher, ich habe einen Stift zum Signieren in der Hand und warte darauf, dass meine Fans hereinströmen.

Als mir zum ersten Mal klar wurde, was da passiert war, saß ich mit versteinertem Gesicht vor meinem Bildschirm. Beim nächsten Marketingtreffen wollten wir die genaueren Details endgültig festlegen. Mein Verlag hatte mir bereits eine mündliche Zusage gegeben, es ging also nur noch darum, die Einzelheiten zu besprechen. Hätte ich mir die Postleitzahlen kein zweites Mal angeschaut, wäre ich tatsächlich nach Luxemburg geflogen – ganz zu schweigen davon, dass ich einigen Leuten stolz erzählt hatte, wie viele Menschen dort mich kannten. Nun also musste ich peinlicherweise zurückrudern.

An jenem Abend kam mein Vater zum Essen zu uns und ich erzählte ihm verlegen die ganze Geschichte. Ich kam mir so lächerlich vor. Aber seine Reaktion brachte mich sofort auf andere Gedanken: Sein Lachanfall war so heftig, wie ich es seit Jahren nicht mehr erlebt hatte. Er wischte sich die Tränen aus den Augen und wollte mehr Details hören. Da kam Joe herein, und als er merkte, worüber wir sprachen, fing auch er laut zu lachen an. Das absurde Szenario belustigte die beiden dermaßen, dass ich nicht anders konnte, als in ihr Gelächter einzustimmen. Dann fingen auch die Kinder an zu kichern, obwohl sie kaum verstanden, worum es ging.

Noch heute ziehen mich meine Bekannten gerne mit der Story auf. Erst kürzlich erzählte mir eine Freundin, dass sie sich immer, wenn sie schlechte Laune habe, daran erinnere, wie ich ihr von meinem Erfolg in Luxemburg vorgeschwärmt habe. Sie stelle sich vor, wie ich in einer leeren Buchhandlung in Esch-sur-Alzette sitze und mich frage, wo meine ganzen Fans bleiben. Es ist für sie anscheinend die sicherste Methode, sich halb totzulachen.

Wenn es wirklich so weit gekommen wäre, so wäre es einer der größten beruflichen Misserfolge meines ganzen Lebens gewesen. Es war auch so schon ein ziemliches Fiasko. Und gleichzeitig ist es eine der besten Geschichten, die ich zu erzählen habe. Wenn ich diese Situation meinem früheren Maßstab unterziehe und frage: »Erfolg oder Misserfolg?«, dann kommt mit Sicherheit Letzteres dabei heraus. Es ist die Art von Situation, die man sein ganzes Leben lang vermeiden möchte. Aber wenn ich die Denkweise von Donald Miller anwende und frage: »Ist es eine große Geschichte?«, dann bin ich so dankbar, dass mir diese Sache passiert ist. Ja, beinahe wünschte ich, ich hätte die Reise wirklich unternommen.

Mach aus deinem Funkeln ein Drama

Der Begriff *Drama* hat einen schlechten Beigeschmack. Uns wurde immer eingebläut, Dramen komplett zu vermeiden. Andererseits fühlen wir uns zu Dramen hingezogen, und das hat einen bestimmten Grund: Wir sind dafür gemacht. Der springende Punkt ist nur, sich die richtige Art von Drama auszusuchen.

Als ich meinem Funkeln nachging, hat das zu unzähligen Dramen in meinem Leben geführt, und zwar im besten Sinne des Wortes. All diese Bücher zu schreiben und gleichzeitig so viele Kinder zu haben, war sehr anstrengend. An jedem einzelnen Tag musste ich für meine Träume kämpfen. Es verging keine Woche, in der ich nicht ans Aufgeben dachte. Ich habe aufregende Gipfelmomente und heftige Niederlagen erlebt. All das erfüllte mein Leben mit positiven, konstruktiven Kämpfen. Ich fand heraus: Wenn ich mich intensiv mit diesem guten Drama beschäftigte, hatte ich weniger Energie für schlechte Dramen.

Ich kenne eine Jugendpastorin, die Teenager dazu inspirieren möchte, nach guten Werten zu handeln und sich nicht an typischen Lästereien oder Streitigkeiten zu beteiligen. Das hört sich nach einer nicht zu bewältigenden Herausforderung an, und doch: Als ich die jungen Menschen kennenlernte, mit denen sie arbeitete, stellte ich fest, dass sie reifere Beziehungen hatten als so manche Erwachsene, die ich kannte.

»Was ist dein Geheimnis?«, fragte ich die Pastorin.

Ihre Antwort faszinierte mich: »Ich verwickle sie in gute Dramen.«

Dann erklärte sie, was sie damit meinte: Wir alle sehnen uns nach Dramen, als Teenager wie als Erwachsene. Wir alle sind für Geschichten und Abenteuer geschaffen und es ist ganz natürlich, dass wir unser Leben interessanter machen wollen. Ein einfacher Weg, auf dem wir das erreichen, sind Tratsch und Skandale. Wenn wir mit unserem Team ausgehen, werden Spekulationen darüber, wessen Ehe gerade am Zerbrechen ist, unsere Aufmerksamkeit eher fesseln als ein Gespräch übers Wetter. Wenn wir uns in einen erbitterten Streit zwischen zwei Freundinnen einmischen, passiert etwas. Unser Wunsch, tief in menschliche Erfahrungen einzutauchen, hat etwas Gutes. Wenn wir aber nicht bewusst steuern, wie wir das tun, kann es damit enden, dass unser Leben sich mit Dramen im schlimmsten Sinne füllt.

»Wenn wir kein gutes Drama haben, dann erschaffen wir ein schlechtes«, meinte die Jugendpastorin.

Sie fordert die Teens heraus, gemeinsam soziale Projekte auf die Beine zu stellen. Sie lenkt die Gespräche so, dass sie lebhaft darüber diskutieren, wie sie ihre größten Träume erfüllen können, statt sich mit der oberflächlichen Frage abzugeben, wer gerade auf wen sauer ist. So denken die jungen Leute darüber nach, welchen einzigartigen Auftrag Gott für sie hat, statt sich mit anderen zu vergleichen. Es funktioniert. Die Treffen sind so voll positiver Energie, dass die Teens sich jede Woche darauf freuen. Selbst außerhalb ihrer Jugendgruppe setzen sie ihre Energie dafür ein, ihr Leben mit positivem Drama zu füllen. Mit anderen Worten: Sie versuchen, eine großartige Geschichte zu leben.

Wenn du auch nur mal ansatzweise darüber nachgedacht hast, wie du das, wofür du brennst, einsetzen kannst, wirst du sofort das Drama gespürt haben, das sich mit dieser Frage verbindet. Was, wenn ich versage? Was, wenn ich abgelehnt werde? Das ist etwas Gutes. Wer schon mal ein Buch zu Papier gebracht hat, wird dir sagen, dass es keine große Geschichte ohne Risiko gibt. Wenn du lernst, wie man einen guten Roman schreibt, wird dir schon in einer der ersten Lektionen beigebracht, wie du deine Hauptfigur vor Herausforderungen stellst. Sie muss etwas zu verlieren haben, sonst wird niemand bis zum Ende lesen. Und wenn sie während der gesamten Geschichte kein einziges Mal scheitert, wird es kein besonders interessantes Buch werden. Dieses mulmige Gefühl, das du im Magen hast, wenn du dich zum ersten Mal mit deinem Funkeln zeigst, ist ein typisches Merkmal und kein Makel.

Akzeptiere also die Ängste, die sich beim Ausprobieren einstellen. Genau dadurch kommt die richtige Art von Drama in dein Leben. Und selbst wenn es so schiefläuft, dass du am Ende allein bei deiner Lesung in einer Buchhandlung in Luxemburg sitzt, dann hast du immerhin eine großartige Story zu erzählen.

12. Du wünschst dir Fans – warum auch nicht?

Einmal dachte ich, ich könnte vielleicht im Bereich Wein und Essen ein neues Funkeln entdecken. Na gut, streng genommen wohl eher nur beim Wein. Mein Mann weiß viel über dieses Thema, weil er längere Zeit in Nordkalifornien gelebt hat. Bevor wir uns kennenlernten, hatte ich meine Weine immer nach der Abbildung auf der Kiste ausgesucht, aber Joe begeisterte mich für die ganze Sache und ich dachte, ich könnte aus diesem neu gewonnenen Interesse etwas machen. Ich könnte zum Beispiel einen Weinblog starten! Oder ein lustiges und leicht verständliches Buch schreiben!

Ich beschloss, mein frisch erworbenes Wissen bei einer Party in unserer Nachbarschaft zum Besten zu geben. Gastgeber war eine Baufirma, die eine nahe gelegene Wohnsiedlung errichtet hatte, und die Veranstaltung fand in einer ihrer geräumigen Modellwohnungen statt. In einer Barnische im Wohnzimmer standen zwei Flaschen Wein, daneben zwei gefüllte Gläser mit Rot- und Weißwein aus besagten Flaschen. Ich kannte ein paar der Gäste und so verwickelte ich sie in ein Gespräch über diese verschiedenen Weine. Ich war von mir selbst beeindruckt, weil ich ohne einen Blick auf die Etiketts unterscheiden konnte, dass die eine Flasche aus Australien stammte und die andere aus Neuseeland. Ich deutete abwechselnd auf die beiden Gläser, während ich erklärte, dass man die Herkunft des Weins aus den verschiedenen Weinbauregionen an bestimmten Elementen erkennen konnte: zum Beispiel an der tintenähnlichen Farbe des Rotweins, weil sich hierin das Mineralprofil des australischen Bodens niederschlug.

Bald versammelte sich eine kleine Gruppe um mich. Erfreut

über die Aufmerksamkeit nahm ich das eine Glas in die Hand, um die Leute den Duft der Tannine riechen zu lassen, über die ich gerade sprach, obwohl ich gar nicht so genau wusste, was man darunter verstand.

Ich griff also nach dem Glas. Doch dann musste ich mit absolutem Entsetzen feststellen, dass die Flüssigkeit darin sich nicht bewegte. Sie ließ sich nicht hin und her schwenken, weil es sich um eine feste Masse handelte. Das Ganze war eine Attrappe, eine Deko für die Modellwohnung. Meine Nachbarn wandten sich ab und taten so, als würden sie husten, damit ich nicht hörte, wie sehr sie lachten. Am liebsten wäre ich durch eine Falltür verschwunden – aber ich bin sicher, dass diese, wenn es denn eine gegeben hätte, auch nicht echt gewesen wäre.

Als ich nach Hause kam und Joe die Geschichte erzählte, kriegte er sich kaum wieder ein. Wie ein Kind bei seinem Lieblingsmärchen bat er mich immer wieder, es noch einmal zu erzählen, um weitere Details meiner Totalblamage zu hören. Er malte sich aus, wie ich mich wieder der Gruppe zuwandte und rief: »Ach, vergessen wir das Ganze doch und schauen lieber fern auf dem riesigen Flachbildschirm da drüben! Mal sehen, wo man ihn einschaltet …« und »Möchte jemand vielleicht ein paar Früchte zum Wein? Da in dem Korb auf dem Tisch sind Äpfel, die richtig lecker aussehen.«

Zumindest eins habe ich aus dem Vorfall gelernt: Gib dich in einer Modellwohnung niemals als Sommelière aus.

Und die zweite Lektion, die sich noch weitaus öfter anwenden lässt: Wenn du nach deinem Funkeln suchst, dann halt Ausschau nach Aktivitäten, die du gern tust, selbst wenn du dafür keine Anerkennung bekommst.

Wenn ich auf meinen kurzen Auftritt als Weinkennerin zurückblicke, wird mir klar, dass ich mich aus den falschen Gründen zu dem Bereich hingezogen gefühlt hatte. Ich hatte mir viel Gutes vorgestellt, wie zum Beispiel, dass ich Menschen zusammenbringen könnte, damit sie etwas über Weine erfuhren. Auf der anderen Seite hatte ehrlich gesagt auch der Gedanke eine Rolle gespielt, wie klug und kultiviert ich wirken würde, wenn ich mit Begriffen um mich warf, die nur Insider verstehen konnten. Mir gefiel die Vorstellung, von meinem Freund Pierre, dem Winzer, zu erzählen (weil man in meiner Fantasie als Weinexpertin Freunde namens Pierre hat) und im Vorübergehen exotische Anbaugebiete zu erwähnen. Dies alles zog meine Aufmerksamkeit zu diesem Thema hin. Aber das hat nichts mit einem persönlichen Funkeln zu tun. Das, wofür man wirklich brennt, lässt einen lebendig werden, weil man der Welt etwas zurückgibt. Es geht nicht darum, wie man auf andere wirkt.

Vielleicht schauspielerst du gern und denkst darüber nach, ob sich darin dein Funkeln zeigen könnte. Das Einzige, was du aber bisher in diese Tätigkeit investiert hast, bestand in der Planung, was du zur Oscarverleihung tragen würdest. In diesem Fall solltest du dir das Ganze lieber noch einmal durch den Kopf gehen lassen. Frag dich selbst und – wenn du gläubig bist – frag Gott, ob das die Gabe ist, mit der du Gutes bewirken sollst. Vielleicht ist es so und du warst in deiner Motivation nur abgelenkt. Du denkst an damals in der vierten Klasse, als du in einer Schulaufführung ein singendes Eichhörnchen gespielt und jede Sekunde genossen hast. Aber möglicherweise wird dir auch klar, dass du nur die Hoffnung hast, das Schauspielern könnte deine innere Leere füllen, indem es dich beliebt oder berühmt macht.

Bei der ganzen Sache müssen wir im Hinterkopf behalten, dass wir bei allem, was wir tun, immer gemischte Motive haben. Wir sollten wohl eher nicht warten, bis wir das reine Herz eines Heiligen haben, der nichts anderes zum Ziel hat als vollkommen selbstlose Liebe. Es ist nicht verwerflich, wenn wir gelegentlich in Fantasien schwelgen und uns vorstellen, wie die Leute, die uns in der Schule gemobbt haben, uns jetzt in einer großen Show auftreten sehen. Oder wie wir für das Cover einer berühmten Zeitschrift fotografiert werden. Es sollte nur nicht unsere Hauptmotivation sein. Lass dir das von einer gescheiterten Weinkennerin gesagt sein.

Es geht um den positiven Einfluss, nicht um Bewunderung

Hast du schon einmal den Satz gehört: »Selbst wenn man nur das Leben eines einzigen Menschen verändert, zählt das schon viel«? Das sagen die Leute in der Regel dann, wenn man auf ganzer Linie versagt hat. Es ist furchtbar deprimierend. Wenn das Planen von Events dein Funkeln wachruft, du wochenlang eine umfangreiche Abendveranstaltung geplant hast und am Ende nur ein einziger Gast auftaucht, dann ist es verständlich, wenn du am liebsten die ganze Welt in Schutt und Asche legen würdest. Ja, ich denke, es ist wichtig, sich den Erfolg zu wünschen, wenn man es funkeln lassen will. Die Frage ist nur, wie wir Erfolg richtig definieren.

Verbringst du dein Leben mit dem Schreiben von Romanen und steckst alles, was du hast, in epische Erzählungen voller Spannung und Gefühl, kannst aber trotzdem nicht mehr als zwei oder drei Fans gewinnen, dann ist das wirklich übel. Wenn diese Vorstellung für dich der Horror ist, dann nicht, weil du zu stolz oder zu profitorientiert bist oder faule Kompromisse machst. Es hat nichts damit zu tun, dass du deinen Beruf nicht genug liebst. Der Grund dafür ist, dass du zu Recht das Bedürfnis verspürst, mit deinem Funkeln etwas Gutes zu erreichen. Es geht um Liebe und Liebe will sich vermehren. Wo Liebe ist, da gibt es geradezu eine Explosion von Leben.

Das naheliegendste Beispiel dafür ist ein Paar, das Kinder bekommt. Diese Liebe führt dazu, dass es mehr Menschen gibt. Aber auch auf zahllose andere Arten und Weisen kann Liebe blühendes Leben hervorbringen. Meine Tante und mein Onkel haben keine Kinder, und doch gehört ihre Ehe zu den fruchtbarsten, die ich kenne. Ihr Leben ist voll von Herzensmenschen aus ihrer Gemeinde und Familie.

Einmal unterhielt ich mich mit der Gründerin eines Nonnenordens, der ein geradezu explosives Wachstum erlebte. Sie sagte, sie achte immer sorgfältig auf die Weiterentwicklung ihres Ordens – nicht, weil sie bestimmte Zahlen erreichen wolle, so als führte sie ein Unternehmen, sondern weil die Liebe von Natur aus mehr Leben hervorbringe. Wenn der Orden über einen langen Zeitraum nicht weiterwachse, könne das ein Zeichen dafür sein, dass ihr Herz und die Herzen ihrer Schwestern keine Frucht hervorbringen. Wo wahre Liebe herrscht – sei es bei einem Liebespaar, unter Freunden oder in einer Gemeinschaft –, zieht sie ganz von selbst die Menschen an. Es bildet sich eine Gruppe.

Dasselbe geschieht, wenn wir die Welt mit unserem Funkeln heller werden lassen.

Wenn du malst und absolut niemand interessiert sich auch nur ein bisschen für deine Bilder, dann stimmt etwas nicht. Vielleicht hast du nicht die richtige Gruppe von Menschen gefunden, denen deine Arbeit gefällt, und es ist an der Zeit, nach ihr zu suchen. Vielleicht solltest du diese mangelnde Anziehungskraft als Ansporn nehmen, um einen neuen Zugang zu deiner Kunst zu finden und mit verschiedenen Stilen zu experimentieren. Oder die fehlenden Fans sind darauf zurückzuführen, dass dies im Moment nicht der Weg ist, auf dem du einen Beitrag für die Welt leisten kannst, und es dran ist, das zu entdecken, was stattdessen jetzt gerade für dich bestimmt ist.

Wenn ich überlege, welche Menschen ich kenne, die auf diesem Gebiet ein gesundes Gleichgewicht gefunden haben, denke ich an meinen Freund Th3 Saga. Er ist ein Battle-Rapper und einer meiner absoluten Lieblingsmenschen. Falls du dich mit dem Battle-Rappen nicht auskennst: Es ist ein Wettbewerb, bei dem die Teilnehmenden sich gegenseitig auf lustige Weise diffamieren. Besonders schwierig wird es dadurch, dass das Ganze im Takt eines Songs geschehen muss. Es erinnert einen fast schon an Stücke von Shakespeare, wie diese Leute Reime und Rhythmus benutzen, um sich gegenseitig auf die Schippe zu nehmen. Allerdings kann es manchmal auch ziemlich intensiv werden. Von einem Augenblick zum nächsten wird aus einer schlagfertigen

Antwort eine skrupellose Beleidigung. Es gibt keine Grenzen und vulgäre Ausdrücke sind gang und gäbe.

Saga ist auch Christ. Wenn er in solche Clubs geht, hält er sich an seine Werte. Kraftausdrücke sind aus seinem Mund nicht zu hören, auch keine derben sexuellen Anspielungen. Beides ist jedoch bei den anderen Rappern, gegen die er antritt, sehr beliebt und wird natürlich auch vom Publikum erwartet. Oft steht er auf Bühnen, wo viele der Anwesenden schon von vorneherein gegen den gläubigen Typen sind, der es wagt, hier aufzutreten. Und weil er nicht auf die übliche Sprache zurückgreift, hat er in der Hinsicht weniger Munition als die anderen.

Als Saga damals seinem Funkeln in die Hip-Hop-Szene von New York und New Jersey folgte, war es für ihn anfangs schwer, ein Publikum zu gewinnen. Niemand unterstützte ihn. Kein Plattenlabel bot ihm einen Deal an. Er schlug sich Abend für Abend von einem Club zum anderen durch und gab bei jedem Battle sein Bestes, egal ob irgendjemand es zu schätzen wusste oder nicht.

Er konzentrierte sich weniger darauf, viele neue Fans zu sammeln, und kümmerte sich mehr um die, die er bereits hatte. Ab und zu schreibt er einfach irgendeinem seiner Fans eine Textnachricht und teilt dieser Person mit, dass er für sie betet. Er meldet sich zu Geburtstagen. In den letzten Jahren ist sein Publikum immens gewachsen, und zwar nicht deshalb, weil er gezielt daran gearbeitet hätte, seine Reichweite zu vergrößern. Er hat sich darum bemüht, die Leute auf einer persönlicheren Ebene zu erreichen, und genau das führte zu einem riesigen Wachstum seiner Fanbasis.

Wenn du das, wofür dein Herz schlägt, für andere einsetzt, sollte sich das schon auf eine Gruppe von Menschen auswirken, aber sie muss nicht groß sein. Eines meiner liebsten Kleinunternehmen ist *Rosaries From Flowers*. Man kann die Blumen von Hochzeiten oder Beerdigungen dorthin schicken und das Unternehmen verarbeitet die Blütenblätter zu Perlen, aus denen es dann Rosenkränze herstellt. Ich kenne zwar die Gesichter hinter dem Unternehmen nicht, aber ein paar Leute, die nach dem Tod eines lieben Menschen Produkte der Firma als Geschenk erhalten haben und tief bewegt waren. Sie haben mir gesagt, dass diese Rosenkränze nun zu ihrem kostbarsten Besitz gehören.

Handelt es sich hier um einen weltweit tätigen Konzern? Eher nicht. Soweit ich weiß, ist es ein kleines Familienunternehmen. Ich bezweifle, dass die Geschäftsidee einen Millionengewinn nach sich gezogen hat. Dieses Team mag nicht die große *Zahl* an Anhängern haben, wie es bei berühmten Schmuckdesignern der Fall ist, aber sein *Einfluss* ist zweifellos größer.

Wenn du dein Funkeln für andere einsetzt, dann solltest du nach der positiven Wirkung streben, nicht nach Bewunderung. Mag sein, dass du quantitativ nicht so viele erreichst, aber nichtsdestotrotz kann das, was du tust, unermesslichen Wert haben.

Oberstes Ziel: Exzellenz

Th3 Saga ist heute erfolgreicher Musiker, obwohl so vieles dagegensprach. Der Grund dafür liegt nicht zuletzt darin, dass er seinen Fokus immer auf Exzellenz gerichtet hat. Selbst wenn er Ablehnung und unfaire Unterbrechungen erlebte, achtete er weiterhin darauf, dass die Musik, die er schuf, wirklich großartig war. So erwies er seinen Fans Liebe: indem er jedes Mal, wenn er vor dem Mikrofon stand, seine absolute Bestleistung erbrachte.

Wenn wir das, wofür wir Feuer und Flamme sind, mitten in einem auch sonst sehr ausgefüllten Leben zum Leuchten bringen, benutzen wir genau das manchmal als Ausrede für unsere Mittelmäßigkeit.

Ein Vater, der sich als Komponist betätigt, könnte vielleicht sagen: »Dieser Song wird sicherlich nichts Besonderes, denn im Augenblick konzentriere ich mich vor allem auf meine Familie.« Ich sehe es jedoch umgekehrt: Gerade, *weil* wir unsere Verpflichtungen in anderen Lebensbereichen ernst nehmen, sollten wir

Exzellenz anstreben, wenn es um unser Funkeln geht. Da wir Zeit investieren, die auch unserer Familie oder unserem Beruf zugutekommen könnte, wäre es doch ehrenwert, dafür etwas wirklich Schönes zu schaffen, statt halbherzig nur Mittelmäßiges hervorzubringen.

Strebe also nicht danach, einen einigermaßen akzeptablen Roman zu schreiben – schreibe lieber einen brillanten, der dein Publikum im tiefsten Inneren berührt. Mach nicht nur gute Fotos, sondern solche, durch die sich der Blick der Menschen, die sie betrachten, verändert. Manchmal triffst du nicht ins Schwarze. Das ist nicht schlimm. Versuch es einfach noch einmal, vielleicht ist dein nächstes Projekt oder Vorhaben ja genial.

Mit dieser Einstellung wirst du anderen zum Segen. Es mag Wochen oder Jahre dauern, aber irgendwann wirst du auf die eine oder andere Weise Erfolg haben. Vielleicht gewinnst du einen Oscar, vielleicht auch nicht. Vielleicht hast du Millionen Fans, vielleicht auch nur ein paar Dutzend oder eine Handvoll. Auf jeden Fall aber wirst du die erfüllende Erfahrung machen, etwas Positives zu bewirken.

13. Du darfst mit deinem Funkeln Geld verdienen

Kürzlich schrieb mir eine Frau, wie sich ihr Funkeln äußert. Bei ihrem Vater war eine degenerative Krankheit diagnostiziert worden und sie war gerade dabei, seinen Umzug aus einem anderen Bundesstaat in ihre Nähe zu organisieren. Kurz zuvor hatte sie erfahren, dass ihr Sohn eine dauerhafte Behinderung hatte. In ihrer Nachricht erzählte sie, sie nehme sich gerade Zeit, um eine Fotowand in ihrem Wohnzimmer zu gestalten. Dafür habe sie an einem Kurs teilgenommen, wo sie lernte, Rahmen, die sie im Secondhandshop erstanden hatte, mit passenden Farben zu besprühen, sodass coole Designs entstanden.

»Hier verwirkliche ich ein inneres Funkeln. Es macht mich jedes Mal glücklich, wenn ich wieder ein neues Bild an die Wand hängen kann. Meiner Familie gefallen die Fotos, die ich auswähle, und auch, wie sich das Wohnzimmer dadurch verändert. Bei mir ist im Moment so viel los, dass es mir guttut, mich manchmal in eine schöne Aufgabe zu flüchten.«

Sie schafft nur ein oder zwei Rahmen pro Woche und das ist für sie im Moment genau richtig. Sie hat kein Interesse daran, ihre Werke zu verkaufen oder ein riesiges Bilderrahmen-Unternehmen aufzuziehen. Zwar könnte sie sich vorstellen, irgendwann einen Beruf im Bereich der Innenarchitektur zu ergreifen, aber vorerst genießt sie es, die Arbeit nur zum Spaß und zur Entspannung zu machen.

Dieser Ansatz passt für diese Frau gut. Für andere Menschen kommt früh die Frage auf, wie sie mit ihrer Leidenschaft etwas verdienen könnten. Vielleicht brauchen sie dringend Geld oder ihnen gefällt die Vorstellung, ein Unternehmen zu gründen. Wie auch immer, ich ermutige in diesem Fall jedenfalls dazu, es zu versuchen. Ich habe viel zu diesem Thema geschrieben und Vorträge gehalten; außerdem hilft Joe in seiner Anwaltskanzlei vielen Kleinunternehmen. Folglich habe ich Hunderte Geschichten von Leuten gehört, die das, was ihr Funkeln hervorbringt, zu ihrer Einkommensbasis gemacht haben. Folgendes habe ich daraus gelernt: Es ist möglich. Du kannst es tun.

Viele wollen lieber auf Nummer sicher gehen und sagen: »Ich probiere es nur mal und schaue, wie's läuft. Eigentlich ist es ja eher ein Hobby.«

Aber ich zähle stillschweigend die Tage, bis sie – in der Regel nach ein paar Jahren – wiederkommen und mir berichten, wie das Ganze unerwartet Kreise gezogen hat. Solche Geschichten höre ich viel öfter als Geschichten des Scheiterns. Es ist zwar eher ungewöhnlich (wenn auch möglich), Millionen und Abermillionen zu verdienen, aber es ist durchaus normal, dass man genug einnimmt, um seine Rechnungen bezahlen zu können.

Folgendes gilt es dabei zu beachten:

Träume groß, fang klein an!

Zunächst einmal solltest du dir Gedanken darüber machen, was deine Ambitionen sind, und dabei ehrlich zu dir selbst sein. Wenn du insgeheim denkst, dass du dein Funkeln in ein großes Unternehmen mit internationaler Präsenz verwandeln solltest, dann steh dazu. Wie gesagt: Es geht hier nicht um dich. Wenn es deine Bestimmung ist, etwas Großes anzufangen, dann hast du nicht das Recht, dich mit falscher Bescheidenheit herauszureden.

Ich habe einmal einen Vortrag von Tom Monaghan gehört, dem Gründer des Pizza-Lieferdienstes *Domino's*. Er sprach zu einer kleinen Gruppe von Unternehmensleitungen und meinte, sie sollten sich nicht dafür entschuldigen, dass sie expandieren wollten. Er erinnerte sie daran, dass eine Ausweitung der geschäftlichen Aktivitäten zu mehr Jobs in der Region führt.

Nicht jeder will all die Unannehmlichkeiten auf sich nehmen, die mit der Gründung eines großen Unternehmens einhergehen. Aber wenn das deine Berufung ist, dann nimm sie an.

Auf der anderen Seite gibt es aber auch manches zu bedenken: Wenn du von Leuten umgeben bist, die dir erzählen, du seist die nächste Coco Chanel, du aber nur ein paar Armbänder auf Etsy verkaufen willst, dann steh auch dazu. Lass dir von niemandem einreden, dein Traum hätte nicht die richtige Größe. Was auch immer »groß« für dich bedeutet, tu es und rechtfertige dich nicht dafür.

Ganz gleich ob deine Pläne dir viel Geld einbringen sollen oder nur so viel, dass du dir ab und zu einen Kaffee bei Starbucks leisten kannst, fang auf jeden Fall klein an. Finde erst einmal heraus, ob die Menschen in deinem Umfeld das kaufen würden, was du verkaufst. Beobachte, ob sie ganz von selbst anderen davon weitererzählen. Schau dir an, was funktioniert und was nicht, bevor du große Investitionen in die Infrastruktur tätigst.

Vor einiger Zeit bauten meine Töchter einen Limonadenstand auf. Die Becher mit ihrem leuchtenden Inhalt sahen an diesem heißen Sommertag richtig verführerisch aus. Und doch: Als ich die Aktion von Weitem beobachtete, stellte ich fest, dass meine Kinder überhaupt keinen Umsatz machten. Die Leute blieben zwar stehen und unterhielten sich eine Weile mit ihnen, aber dann zögerten sie ein wenig verlegen und gingen weiter. Es stellte sich heraus, dass meine Dreijährige allen potenziellen Kunden stolz verkündete: »Es ist kein Pipi!«

Sollten wir also jemals in Erwägung ziehen, ein Limonaden-Imperium zu gründen, wissen wir jetzt schon, dass »Es ist kein Pipi!« als Werbeslogan nicht funktionieren wird. Solche Dinge lernt man, wenn man klein anfängt.

Fang einfach an!

Mein Mann hat sich in seinem Job unter anderem darauf spezialisiert, kleine Firmen als Kapitalgesellschaften einzutragen. Allerdings muss er viele Anfragende abweisen, zumindest vorübergehend, weil sie zu ihm kommen, bevor sie richtig vorbereitet sind. Angehende Leitungskräfte sitzen mit spannenden Ideen vor ihm, aber sie haben sie noch nicht ausprobiert. Sie kommen mit einem dicken Stapel Unterlagen zu ihm, um ihre Gerätefirma eintragen zu lassen, aber sie haben noch kein einziges Gerät verkauft.

Diese Art von lediglich theoretischer Vorausplanung ist eine Form der Widerstände.

Zum Beispiel träumst du davon, deine selbst getöpferte Keramik zu verkaufen. Du hast ein paar erstaunlich schöne Schüsseln gemacht, nach denen du im Freundeskreis immer wieder gefragt wirst. Das Geld ist knapp und ein Nebeneinkommen wäre durchaus hilfreich. Du stehst schon in den Startlöchern, aber dann kommen die Widerstände angebraust, machen vor deinem Haus eine Vollbremsung, klopfen an die Tür und rufen: »Warte! Du kannst nicht einfach so loslegen!«

Nein, du musst dir erst die Unterlagen für die Eintragung als Kapitalgesellschaft besorgen! Und führ eine Marktumfrage durch! Du brauchst alle verfügbaren Tools! Bau deine Werkstatt um! Und klar musst du dich mit der Geschichte der Keramikherstellung beschäftigen! Wann haben die Menschen angefangen zu töpfern? *Hast du irgendeine Ahnung davon?*

Wenn das passiert, solltest du die Widerstände am Arm packen, sie hinausbefördern und die Tür zuschlagen.

Ich war schon oft in dieser Falle gefangen, während ich meine Bücher schrieb. Manchmal behauptete ich: »Ich habe zwei Stunden am Buch gearbeitet.« Was ich aber tatsächlich gemacht hatte: Rezensionen über die Bücher anderer gelesen und meiner Freundin eine Textnachricht geschrieben, ich sei die schlechteste Autorin, die es je gegeben habe; einen Artikel überflogen, der

davon handelte, wie man sein Schreiben optimierte; meine Out-
fits für die Lesungen geplant und meiner Freundin noch einmal
geschrieben, um ihr mitzuteilen, ich sei total im Rückstand und
würde meinen Abgabetermin verpassen. Dann hatte ich ein paar
Fotos an meine »Tolle Buchcover«-Pinnwand bei Pinterest ge-
heftet und einen Post zum Thema »Schreibblockaden« gelikt. Es
fühlte sich nach Arbeit an, war aber absolut unproduktiv.

Um diese Art von Zeitverschwendung zu vermeiden, tippte
ich in riesigen fetten Großbuchstaben die Frage »FÜHRT DAS
DAZU, DASS SICH DIE SEITE FÜLLT?« in ein leeres Doku-
ment, druckte es, schnitt den Schriftzug aus und heftete ihn an
meinen Laptop. Immer wenn ich mir einredete, ich würde »am
Buch arbeiten«, fiel mein Blick auf diese Frage und sie half mir,
ehrlich zu bleiben.

Wenn du versuchst, auf Basis deines Funkelns ein Unternehmen zu gründen, dann konzentriere dich in erster Linie aufs Produzieren. Mach dir gerne einen Plan, aber investiere nicht zu viel
Zeit in ihn. Dann hör auf zu reden, Nachforschungen zu betreiben, Traumutensilien zu kaufen und irgendetwas an deine Pinn-
wand bei Pinterest zu heften. Fang einfach an zu arbeiten.

Verlange, was du wert bist!

Eine angehende Rednerin suchte kürzlich meinen Rat in der Frage, was sie für ihre Vorträge berechnen sollte. Bei mir hatte sich
die Vortragstätigkeit aus meinen Büchern und Radiosendungen
ergeben; sie war zum Ausdruck meines Funkelns geworden und
mittlerweile konnte ich auf eine zehnjährige Erfahrung zurück-
blicken. Die Frau, die meinen Rat suchte, wollte nun ebenfalls
das, wofür sie brannte, zum Beruf machen. Ähnlich wie ich arbeitet sie im Bereich sozialer und kirchlicher Einrichtungen und
wollte wissen, welche Art von Engagements ich annahm und welches Honorar ich dafür in Rechnung stellte.

»Wenn du von einer neuen Organisation angefragt wirst«, sagte sie, »wie findest du dann heraus, ob deren Anliegen dein Herz anspricht?«

»Ich schaue mir an, ob ihre Dollarscheine grün sind«, antwortete ich. Meine Gesprächspartnerin wirkte ziemlich irritiert und so erklärte ich ihr, dass das bloß ein Spaß gewesen war.

Allerdings nur teilweise.

Nutze ich mein Funkeln auf beruflicher Ebene, kann ich mehr erreichen, wenn ich mich der Tatsache stelle, dass es sich hier um eine geschäftliche Angelegenheit handelt. Natürlich würde ich mit keiner Organisation zusammenarbeiten, die meine Werte nicht teilt. Was ich tue, das tue ich nicht nur für Geld. Allerdings habe ich mir früher gesagt, es ginge *gar* nicht ums Finanzielle. Ich fühlte mich besser, wenn ich verkündete, ich wolle nur Menschen helfen. Doch eines war seltsam: Je mehr ich mir diese Haltung aneignete, desto weniger half ich den Menschen wirklich.

Wenn ich gebeten wurde, quer durchs Land zu einem Vortrag zu fliegen, wich ich aus, wenn es um die Frage des Honorars ging. Das endete jedes Mal damit, dass ich nur ein Minimum erhielt. Dazu kam, dass ich auf der Veranstaltung keine Grenzen für meine Verpflichtungen setzte. Ich hielt Extravorträge ohne Bezahlung und ging abends mit den Verantwortlichen essen, obwohl ich am nächsten Morgen mehrere Vorträge zu halten hatte. Daraus folgte, dass ich oft erschöpft zu den Konferenzen erschien, weil es am Abend vorher so spät geworden war. Außerdem bekam ich den Kopf nicht frei und machte mir dauernd Sorgen, weil Joe zu Hause so überlastet war. Aber wir hatten einfach keine Reserven übrig, um einmal Essen zu bestellen oder einen Babysitter zu engagieren, was Joe das Leben als zeitweises Solo-Elternteil leichter gemacht hätte.

Alle Beteiligten meinten es jedoch nur gut. In der Regel wurden die Veranstaltungen von Leuten aus sozialen oder christlichen Organisationen durchgeführt, die die Welt wirklich zu einem besseren Ort machen wollten. Sie und ich wünschten uns, das Leben der Menschen, die zu unseren Events kamen, zum Positiven zu verändern. Doch weil wir das Ganze so behandelten, als sei es eine Zusammenkunft einander freundschaftlich verbundener Menschen, obwohl es sich eigentlich um eine berufliche Veranstaltung handelte, hielt ich am Ende vor lauter Erschöpfung eher mittelmäßige Vorträge. Oft ärgerte ich mich über die Organisierenden, nur weil ich überfordert und deshalb schlecht gelaunt war. Dann kehrte ich müde und gestresst nach Hause zurück und traf Joe ebenfalls müde und gestresst an.

Als ich aber anfing, mich und meine Arbeit ernst zu nehmen – und entsprechende Honorare zu verlangen –, änderten sich die Dinge grundlegend.

Joe und ich unterhielten uns darüber, was ich würde verlangen müssen, damit es sich wirklich lohnte, mehrere Abende bei solchen Veranstaltungen zu sprechen. Die Summe, bei der wir herauskamen, schien hoch.

»Das kann ich unmöglich verlangen!«, platzte ich heraus. Dann aber überlegte ich, ob der Gegenwert, den ich erbrachte, dem entsprach. Ich dachte an andere, deren Honorare ähnlich aussahen, und musste zugeben, dass meine Fähigkeiten mit den ihren vergleichbar waren. Die Antwort lautete also Ja.

Ich hatte mir über dieses Thema noch nie Gedanken gemacht, weil ich so ein harmoniebedürftiger Mensch bin. Ich würde nicht nur umsonst einen Vortrag halten, sondern den Veranstaltenden sogar noch Geld dafür geben, wenn sie mir versprächen, für gute Stimmung zu sorgen und mich zu mögen. Aber so funktioniert das Leben nicht. Und zu meiner Überraschung wurde die Stimmung sogar noch besser, sobald ich als Profi auftrat.

Ich stellte also die Summe in Rechnung, die mir so hoch erschien. Ich entwarf einen Vertrag, der eine Seite umfasste und großzügig anbot, was ich zu leisten bereit war, aber auch klare Grenzen setzte, wie viel Arbeitszeit mein Honorar abdeckte. Ab diesem Zeitpunkt gelang es mir, bei den Konferenzen Höchstleistungen zu erbringen. Bevor ich zu Hause losfuhr, konnte ich meine Familie noch mit Essen oder einem Babysitter versorgen, damit ich mir keine Sorgen mehr machen musste, bei meiner Rückkehr nur noch einen schwelenden Krater dort vorzufinden, wo mein Haus einst gestanden hatte. Ich konnte außerdem die Pausen einlegen, die ich brauchte, weil ich freundlich, aber bestimmt klargemacht hatte, in welchem Umfang ich auf dem Event verfügbar sein würde.

All diese Grenzen zu setzen, verschaffte mir auch mehr Platz in meinem Kalender, um mich auf meine Vorträge vorzubereiten. Meine Arbeit wurde besser, was allen Beteiligten zugutekam. Nach getaner Arbeit kehrte ich zu meiner Familie zurück, die in dieser Zeit alles gehabt hatte, was sie brauchte, und konnte entspannter auf die eingehenden Rechnungen blicken.

Nachdem ich das ein paar Jahre so gemacht hatte, entdeckte ich noch einen anderen Vorteil angemessener Bezahlung: Sie eröffnet anderen Menschen Chancen.

Kürzlich verhandelte ich mit dem Veranstaltungsteam einer Konferenz. Sie wollten mich für mehrere Vorträge engagieren; allerdings reichte ihr Budget dafür nicht aus. Einen Augenblick lang kam mein Harmoniebedürfnis wieder an die Oberfläche und ich war versucht, nur einen Dollar an Gage zu nehmen und meine Fahrtkosten selbst zu bezahlen. Doch dann zwang ich mich dazu, zur Höhe meines Honorars zu stehen, und empfahl ihnen, eine andere Rednerin anzufragen, nämlich jene oben erwähnte Frau, die neu in der Branche war und mich wegen der Honorarsache um Rat gebeten hatte. Sie hat sich nämlich entschlossen, für den Anfang nur ein kleines Honorar zu nehmen, damit sie möglichst viele Gelegenheiten bekommt, sich in ihrer neuen Tätigkeit auszuprobieren. Sie sprach schließlich tatsächlich auf der Konferenz und das Veranstaltungsteam war so begeistert von ihr, dass sie schon im Voraus auch für das kommende Jahr verpflichtet wurde.

Die Frau bedankte sich anschließend überschwänglich bei mir. Sie berichtete, dass sie dank ihren Vorträgen dort eine ganze Reihe neuer Fans dazugewonnen und Kontakt zu einer Person bekommen hatte, die ihr helfen würde, ihre Arbeit auf die nächste Ebene zu bringen. Wenn ich für ein geringeres Honorar gearbeitet hätte, wäre es zu einer Lose-lose-Situation gekommen: Ich wäre frustriert gewesen, weil die Rahmenbedingungen nicht dem entsprachen, was ich brauchte, und ich hätte einer anderen Person die Chance genommen, ihrem Funkeln nachzugehen.

Akzeptiere konstruktive Kritik!

Als ich den dritten Entwurf meines ersten Buches beendete, hatte ich schon jahrelang daran gearbeitet. *Jahrelang.* Ich hatte mein ganzes Herz hineininvestiert. Mir die allergrößte Mühe gegeben. Ich hatte Gott um Führung gebeten und gegen die Widerstände angekämpft. Zweimal hatte ich wieder bei null angefangen. Zwei Mal. Ich ließ Joe und meine beste Freundin das Manuskript lesen und bat sie, wirklich knallhart ehrlich zu sein.

Als ich schließlich das, was ich für die Endversion hielt, an meinen Literaturagenten abschickte, war ich schrecklich aufgeregt. Wenn das Manuskript gut genug war, würde er es Verlagen anbieten. Ein Buch auf den Markt zu bringen, war ein wichtiges persönliches Ziel von mir, aber es bedeutete auch, dass meine zeitintensive Arbeit an diesem Projekt, für das ich so sehr brannte, endlich ein kleines Einkommen nach sich ziehen würde.

Ungefähr alle 1,8 Sekunden checkte ich meine Mails, bis mein Agent ein paar Tage später antwortete. Nach dem Lesen fing ich an zu weinen.

Das ist es immer noch nicht, schrieb er. Er war ein freundlicher Mensch, aber er hätte seinen Job nicht richtig gemacht, wenn er mir nicht offen gesagt hätte, dass mein Manuskript nicht besonders gut war.

Nachdem ich mich wieder gefangen hatte, rief ich ihn an, um zu fragen, wie es jetzt weitergehen sollte.

»Das ist das Beste, was ich abliefern kann!«, behauptete ich, wobei meine Stimme sicherlich etwas schriller klang als beabsichtigt. »Ich glaube nicht, dass ich es hinbekomme, es noch besser zu machen.«

All meine Träume, ein Buch zu veröffentlichen, schienen sich vor meinen Augen in Luft aufzulösen.

Die Antwort meines Agenten führte jedoch dazu, dass ich meine Haltung gegenüber meiner eigenen Arbeit in einem entscheidenden Punkt änderte.

Er sagte: »Sie können Ihre Arbeit *alleine* nicht besser machen. Wenn Sie sich weiterentwickeln wollen, brauchen Sie ein hartes Feedback von jemandem, der Sie nicht liebt.«

Ein hartes Feedback von jemandem, der dich nicht liebt.

Zuerst widersprach ich ihm und versicherte, mein Mann sei bekannt dafür, dass er seine Meinung offen sagt. Und auch meine Freundin habe mir hoch und heilig versprochen, mit ihrer Kritik nicht hinter dem Berg zu halten. Aber mein Agent meinte, die beiden würden mir dennoch nicht das Feedback vermitteln, das ich brauchte, weil sie es nicht konnten.

»Die beiden kennen und lieben Sie«, erwiderte er. »Ich glaube ja, dass sie absolut ehrlich mit Ihnen sein wollen, aber sie können Ihre Arbeit auf keinen Fall objektiv beurteilen, egal, wie sehr sie sich darum bemühen.«

Also hörte ich mich um, bis ich fünf Leute fand, die sich bereit erklärten, das Buch zu lesen und mir ein ehrliches Feedback zu geben. Eine war die Cousine einer Freundin. Zwei waren ehemalige College-Kommilitonen von Joe, die ich nur ein- oder zweimal getroffen hatte. Die beiden anderen waren Internetbekanntschaften.

Es ist nicht einfach, Leute dazu zu bringen, dass sie so viel Zeit für eine Sache opfern. Also schrieb ich sie alle per E-Mail an, stellte ihnen meine Arbeit vor und erklärte ihnen, wie wichtig ihre Hilfe für mich sei. Ich bot ihnen auch einen 50-Dollar-Gutschein als Zeichen meiner Anerkennung an. Wir hatten nicht viel Geld, aber hier handelte es sich um eine 250-Dollar-Investition in mein Funkeln.

Das Feedback, das ich von dieser Gruppe bekam, erstaunte mich. Ich konnte gar nicht fassen, wie viel sie sahen, was Joe und meine Freundin nicht gesehen hatten – und vielleicht tatsächlich auch nicht sehen *konnten*.

Als ich das Manuskript auf der Grundlage der neuen Anmerkungen überarbeitete, kam ein ganz anderes Buch dabei heraus. Ich brachte Wochen mit den Korrekturen zu und schrieb sogar ganze Kapitel neu. Als ich den Text daraufhin meinem Agenten zuschickte, fühlte es sich ganz anders an. Ich empfand eine völlig neue Zuversicht, nun, da meine Arbeit von Menschen außerhalb meines engsten Kreises überprüft worden war. Ja, jetzt schien mir das Ganze endlich fertig zu sein.

Ein paar Wochen später unterzeichnete ich einen Vertrag, der mich offiziell zu einer Autorin machte, die Bücher veröffentlichte.

Aber damit war das harte Feedback noch nicht vorüber.

Bevor es in den Druck ging, durchlief mein Buch noch ein Lektorat. Ich werde nie den Augenblick vergessen, in dem ich das bearbeitete Manuskript aus dem Postumschlag zog. Ich saß an einem Tisch am Fenster eines indischen Restaurants. Bei all dem Feedback, das ich bereits bekommen hatte, hoffte ich insgeheim, auf der Titelseite in roten Lettern zu lesen: *Habe keine Korrekturen – alles brillant!* Stattdessen fand ich auf jeder Seite Kommentare vor. Als ich das Manuskript durchblätterte und überall die rote Tinte sah, vor allem nach so vielen Jahren harter Arbeit, weinte ich. Wieder. (Vielleicht hätte ich schon weiter oben erwähnen sollen, dass es manchmal viel zu heulen gibt, wenn man mit seinem Funkeln unterwegs ist.)

So schmerzlich es auch war, all diese Überarbeitungsvorschläge zu lesen, so verbesserten sie das Buch doch enorm. Als es schließlich gedruckt war, verkaufte es sich so gut, dass ich einen zweiten Buchvertrag erhielt. So begann meine Karriere als Autorin. Weil ich schon veröffentlicht hatte, öffneten sich mir weitere Türen und so kam es, dass ich mit meinem Funkeln fürs Schreiben ein echtes Einkommen erzielen konnte. Und all das hatte damit begonnen, dass ich ein hartes Feedback von Leuten bekommen hatte, die mich nicht liebten.

14. Du kannst deinen Job behalten

Wenn du das, wofür dein Herz schlägt, bereits in einen Vollzeitjob verwandelt hast, mit dem du all deine Rechnungen bezahlen kannst und der dir jeden Tag Freude macht, dann kannst du dieses Kapitel überspringen. Wenn nicht, solltest du hier weiterlesen.

Die meisten Menschen, die ich treffe, finden ihre tägliche Arbeit »ganz okay«. Egal, ob sie berufstätig sind, schon im Ruhestand oder sich zu Hause um ihre Kinder kümmern – sie sind ganz allgemein zufrieden mit dem, was sie gerade tagsüber tun. Allerdings haben sie manchmal das Gefühl, es sei Zeit für eine neue Herausforderung. Eine Stimme tief in ihrem Innern fragt sie vielleicht das erste Mal seit vielen Jahren: *Was wäre, wenn?*

Dann sind da noch die Leute, die mit ihrer beruflichen Situation nicht zufrieden sind. Sie fühlen sich wie gelähmt und sind frustriert. Sie möchten etwas Sinnvolleres bewirken.

Bei beiden Gruppen gibt es jedoch das weitverbreitete Problem, dass diese Menschen ihren Beruf nicht einfach aufgeben können. Sie müssten eine Menge Brücken hinter sich abreißen, wenn sie gerade jetzt aufhören würden. Sie alle möchten so gerne etwas tun, was ihr Funkeln verlangt, aber es kommt ihnen angesichts ihrer aktuellen Verpflichtungen unmöglich vor.

Ich habe es erlebt, wie Menschen in beiden Situationen es geschafft haben, ihr Leben zu verändern, ohne ein dramatisches Kündigungsschreiben einzureichen. Meistens schlugen sie einen der beiden folgenden Wege ein:

1. Sie fanden ihr Funkeln in ihrem Beruf.
2. Sie verwirklichten ihr Funkeln außerhalb ihres Berufs.

Finde dein Funkeln in deinem Beruf

Wenn wir ein bisschen graben, finden wir häufig dieses Funkeln in unserem alltäglichen Job. Vielleicht wussten wir ja früher einmal, dass es da ist, aber wir haben es verloren, oder wir haben nie danach gesucht.

Kürzlich hörte ich von einer Büroleiterin, die seit achtzehn Jahren bei derselben Versicherung arbeitet. Sie schrieb in einer E-Mail, sie habe ihren Job immer gemocht, auch wenn er ein bisschen langweilig sei. Dann habe sie angefangen, in ihrem beruflichen Alltag nach etwas zu suchen, wofür sie brannte. Da sie eher introvertiert ist, fiel ihr der Teil ihres Berufes schwerer, bei dem sie mit anderen Menschen in Kontakt sein musste. Hier lag ihr Funkeln nicht. Sie stellte auch fest, dass sie in Verwaltungsaufgaben nicht besonders gut ist; sie musste diese erlernen, weil sie zu ihrem Beruf gehörten, aber es fühlte sich für sie nie ganz stimmig an. Auch hier lag ihr Funkeln nicht verborgen.

»Dann aber merkte ich, dass ich mich immer sehr auf den Freitag freue«, schrieb sie weiter. »Ich überlegte, warum das so war. Es ist der Tag, an dem ich immer für alle etwas zu essen hole. Mein Chef hat mich gebeten, das regelmäßig zu tun, zur Motivation der Belegschaft am Ende der Arbeitswoche.«

Früher war sie immer in den Supermarkt gegangen, hatte eine Packung Donuts geholt und sie auf den Tisch im Pausenraum gestellt. Doch eines Tages kam ihr beim Betrachten des Tisches eine Idee: Sie fing an, selbst etwas für die Pausenmahlzeit zu backen. Es wurde zu einem festen Ritual am Donnerstagabend. Nachdem sie ein paar Wochen lang freitagmorgens voll beladen mit Essensbehältern in den Pausenraum gekommen war, stellte sie eines Tages fest, dass sich einige aus ihrem Team schon dort versammelt hatten und sich gespannt fragten, was sie wohl dieses Mal mitbringen würde.

In einem Secondhandshop erstand sie ein paar Tabletts im Vintage-Stil, und als sie das Essen darauf angerichtet hatte, sah es so ansprechend aus, als wolle jemand damit ein Fotoshooting für eine Zeitschrift machen. Sie richtete eine reich bestückte Platte mit Aufschnitt an, ordnete die Käsesorten nach Farben und faltete die Wurstscheiben so, dass sie wie Wellen aussahen, die gegen die Fladenbrote anbrandeten. Sie verzierte das Ganze mit einem dekorativen Thymianzweig, trat ein paar Schritte zurück und bewunderte ihr Werk.

»Ich war so stolz. Man hätte meinen können, ich hätte gerade die Sixtinische Kapelle vollendet«, sagte sie.

Ihre Freude sprang mir förmlich aus den Worten ihrer Nachricht entgegen.

Auch wenn das meiste an ihrem Beruf nicht besonders aufregend war, wusste sie, dass sie sich jede Woche wieder in diese schöne Aufgabe stürzen durfte, und das beflügelte sie. Schon im Voraus freute sie sich auf den Donnerstagabend. Sie suchte sich einen Film aus, schenkte sich ein Glas Wein ein und fing an, die Delikatessen vorzubereiten. Nach einer gewissen Zeit merkte sie, wie sich das, was sie tat, auch auf ihr Team positiv auswirkte. Einmal sprach sie einer der Versicherungsvertreter an, der gerade eine Scheidung durchlebte. Sie war dabei, das allwöchentliche Essen vorzubereiten, dieses Mal einen mediterranen Brotaufstrich mit Oliven und Hummus.

»Das Essen, das du jeden Freitag mitbringst, ist für mich ein echtes Highlight in der Woche«, sagte er zu ihr und fügte mit müden, traurigen Augen ein »Danke« hinzu. Immer wenn sie solche Momente erlebte, spürte sie einen Energieschub, der sie durch die eher eintönigen Stunden ihres Berufs hindurchtrug.

Manche von uns haben das Glück, einen Beruf ausüben zu dürfen, in dem ihr Funkeln praktisch Teil der Stellenbeschreibung ist. Doch selbst dann erleben sie den besagten Energieschub und das Gefühl, ihre Bestimmung zu leben, nicht an jedem Arbeitstag von neun bis fünf. Manchmal müssen sie danach suchen, um sich klarzumachen, dass ihre Leidenschaft immer noch da ist.

Rein theoretisch passt mein Job einer Radiomoderatorin genau zu meinem Funkeln. Zu Menschen zu sprechen, sei es auf der Bühne oder im Studio, erfüllt mich. Ich habe das Gefühl, dazu bestimmt zu sein, und bin überzeugt, dass ich anderen Menschen durch diese Arbeit etwas zu geben habe. Aber es ist auch viel Arbeit. Ich bin an fünf Tagen in der Woche für zwei Stunden täglich live auf Sendung. Ich habe keine Co-Moderatorin und will mich nicht übermäßig auf meine Gäste und auf die Publikumsanrufe verlassen. Meine Sendung läuft auf *SiriusXM*, einem Sender, der wenig Werbeunterbrechungen hat. Wenn ich also sage, dass ich zwei Stunden pro Tag rede, dann stimmt das wirklich. Wenn man außerdem die täglichen Ärgernisse hinzunimmt, wie zum Beispiel technische Probleme hinter den Kulissen, organisatorische Schwierigkeiten und gelegentliche Hassmails, dann kann auch mein Job eine echte Plackerei sein.

Eines Tages stieß ich auf einen Rat, der mir sehr geholfen hat. Ich wünschte, ich könnte dir sagen, dass mir diese Erkenntnis beim Lesen der Bibel oder bei einem Gespräch am Kaminfeuer mit einem berühmten Professor gekommen wäre. Aber in Wirklichkeit habe ich den Satz bei Pinterest gelesen, in großen Lettern auf schwarzem Hintergrund: »Um alles, was du für selbstverständlich hältst, betet ein anderer Mensch.«

Das Zitat lenkte meine Gedanken zu der Zeit zurück, als ich darum gebetet hatte, dass es mit diesem Job klappen würde – damals war es mir unmöglich erschienen, dass ich ihn jemals als eine Last empfinden könnte. Der einfache Satz erinnerte mich daran: Ob ich in meinem Beruf jeden Tag meiner wahren Leidenschaft begegne, ist allein meine Entscheidung. Worauf ich mich konzentriere, das verstärkt sich in meinen Gedanken. Ich kann mich auf die Bereiche meines Jobs konzentrieren, die für mich frustrierend oder langweilig sind – und solche Bereiche gibt es in jedem Job, egal wie cool er ist. Oder ich richte mein Augenmerk auf das, was ich an meinem Beruf liebe.

Als ich das Pinterest-Zitat gespeichert hatte, öffnete ich meine Tagebuch-App und erstellte einen neuen Eintrag unter dem Titel

»Berufliche Inspirationen«. Ich fügte das Zitat ganz oben ein und begann zu tippen. Ich führte mit mir selbst ein Motivationsgespräch darüber, warum ich mich glücklich schätzen kann, diesen Beruf zu haben. Ich listete die Fähigkeiten auf, die ich besitze und dank derer ich mich für diese Arbeit besonders eigne. Dann fasste ich in Worte, warum ich mich anfangs in diesen Beruf verliebt hatte. Ich hielt fest, auf welche Weise ich jeden Tag mein Funkeln hervorkitzeln konnte, auch wenn ich müde oder einfallslos war. Ich schlage diesen Tagebucheintrag fast jeden Tag um 12:55 Uhr auf, fünf Minuten bevor ich auf Sendung gehe. Er erinnert mich daran, dass das, wofür ich Feuer und Flamme bin, hier in meinem Job immer gegenwärtig ist – an manchen Tagen muss ich nur danach suchen.

Verwirkliche dein Funkeln außerhalb deines Berufs

Ein Freund von mir, den ich hier aus offensichtlichen Gründen nicht namentlich nennen will, hasst seinen Job. Er sagt, sein Chef habe sich im Grunde genommen abgemeldet, seine Teammitglieder seien skrupellos und unmotiviert, die Aufgaben haben ihm von Anfang an keinen Spaß gemacht. Er gibt offen zu, dass er diese Karriere nur deshalb eingeschlagen hat, weil er arbeitslos war und das Geld brauchte.

»Gibt es so was wie ein Anti-Funkeln?«, fragte er mich. »Zum Beispiel eine Art Schwarzes Loch? Genau das wäre die perfekte Metapher für meinen Job.«

Er will sich bald nach einer anderen Beschäftigung umsehen, die ihn mehr erfüllt, aber im Moment geht das noch nicht. Bis dahin träumt er von der Kündigung und lehnt jeden Vorschlag ab, wie er innerhalb der vier Wände seines Büros so etwas wie Inspiration finden könnte.

Was kann jemand wie er tun? Ich würde ihm raten, sein Funkeln außerhalb seines Berufs zum Leuchten zu bringen.

An Albert Einstein hat mich immer fasziniert, dass er seine größten bahnbrechenden Gedanken in der Zeit entwickelte, als er in einem Patentbüro angestellt war. Er verbrachte den ganzen Tag im Eidgenössischen Amt für geistiges Eigentum und sichtete dort Unterlagen. Außerhalb seiner Arbeitsstunden beschäftigte er sich mit der theoretischen Physik. Die Ausarbeitung der Speziellen Relativitätstheorie war also sein Hobby.

Nicht selten sind die Arbeit, mit der wir unsere Rechnungen bezahlen, und die Arbeit, die unser Funkeln zum Vorschein bringt, zwei verschiedene Paar Schuhe. Wenn das, wofür wir brennen, alle Bereiche unseres Lebens erhellen soll, dann müssen wir ihm intensiv nachgehen. Wenn du zum Beispiel gerne mit Holz arbeitest, dann solltest du nicht halbherzig eine Werkstatt in deiner Garage einrichten, nur um ein bisschen Frust abzulassen. Tu es mit der Absicht, eine spannende Mission zu beginnen, wie jemand, der sich auf eine abenteuerliche Forschungsreise begibt. Akzeptiere, dass du zu dieser Arbeit bestimmt bist, und lass dich von diesem Gedanken begeistern. Wenn du ein gläubiger Mensch bist, bete, dass Gott deine Bemühungen dazu nutzt, das Leben anderer Menschen zum Guten zu verändern.

Der besagte Freund fing an, am Wochenende Bier zu brauen. Er dachte, darin könnte sich ein Funkeln von ihm zeigen, aber anfangs brachte das Ganze nicht viel Inspiration in sein Leben. Er genoss es zwar, aber es kam ihm immer nur wie ein Hobby vor. Was ihm fehlte, war das Gefühl der Berufung. Also begann er, mehr von sich selbst hineinzulegen: Er dachte sich ausgefallene neue Geschmacksrichtungen aus und lud seine Freunde zum Probieren ein. Er kreierte ein nach deutscher Tradition gebrautes Bier, das zum Hit auf der Oktoberfest-Party seines Nachbarn wurde. Wenn ein Arbeitstag besonders frustrierend war, verbrachte er seine Mittagspause damit, Informationen zu sammeln, um sein Wissen übers Bierbrauen zu erweitern. Er malte sich aus, wie seine Freunde staunen würden, wenn sie ein perfekt gebrautes Bier von ihm testen würden. Diese Vorstellung half ihm durch den Tag. Er träumte sogar davon, eines Tages eine eigene Brauerei zu eröffnen, eine, in der es nicht nur tolle Getränke gab, sondern wo sich auch Menschen zu tollen Events trafen. Sein Funkeln wurde immer heller, und zwar deshalb, weil er diese Arbeit nicht mehr nur um ihrer selbst willen tat, sondern weil sich seine innere Einstellung zu ihr verändert hatte und er sie als eine Berufung ansah.

Wenn ich an Menschen denke, die ihre persönliche Leidenschaft nicht im Berufsleben verwirklichen können, dann fällt mir Clark Kent alias Superman ein. Wenn Clark in seinem Büro sitzt, als Reporter des *Daily Planet*, dann ist er einfach nur Clark. Aber er bewegt sich durch die Flure mit einem gewissen Etwas, das niemand sonst im Team hat. Diese Ausstrahlung besitzt er deshalb, weil er weiß, dass er außerhalb dieses Arbeitsalltags Superman ist.

Dein Funkeln ist deine Superkraft. Und je vollständiger und furchtloser du mit ihr verbunden bist, desto stärker wird sie. Ganz egal, wie banal dein Job sein mag, du wirst dich darin mit einer neuen, geheimnisvoll verwegenen Ausstrahlung bewegen, weil du weißt: Sobald du diesen Ort verlässt, schlüpfst du in deinen Umhang und kannst fliegen.

15. Du hast die Chance auf ein neues Funkeln

Mein Mann Joe war lange auf der Suche nach seinem Funkeln. Wie ich schon erzählt habe, ist er Rechtsanwalt und Wirtschaftsprüfer, hat einen Master in Betriebswirtschaft und liebt all die Nerd-Themen, die mit diesen Jobs verbunden sind. Außerdem liegen ihm Weinbau, Geschichte, das Segeln, Politik und Naturwissenschaften. Joe hat so viele Begabungen und Interessen und nichts davon ist bei ihm bisher sehr in den Vordergrund getreten.

Ein paar Optionen haben sich jedoch schnell eindeutig ausschließen lassen. Mein Lieblingsbeispiel ist, als Joe mit dem Gedanken spielte, eine Website zur Bewertung von Getränken ins Leben zu rufen. Er kaufte ein paar ausgefallene Drinks, um sie dort vorzustellen. Darunter war ein Malzbier aus der Dose, das *Krunck* oder so ähnlich hieß, und Joe beschloss, es zu wagen und das Gebräu zu probieren, damit er einen lustigen Beitrag für seine Seite daraus machen konnte. Zwar erstaunte ihn die intensive Farbe, ein Neonfuchsia, aber er nahm trotzdem ein paar vorsichtige Schlucke. Es schmecke künstlich nach Beerenaroma, berichtete er mir, und habe den Beigeschmack von Weizenkeimen und Hochprozentigem. Klar meldete sich hier sein Überlebensinstinkt und rief ihm laut zu: »LASS DIE FINGER DAVON, BEVOR DIR DAS ZEUG DIE ZÄHNE WEGÄTZT!« Aber Joe blieb seiner Mission treu und trank noch mehr davon.

Die Dose war erst halb leer, als die Übelkeit einsetzte. Es folgten Schwindelanfälle und Zittern. Wir googelten das Getränk – was wir besser schon früher getan hätten – und stießen auf so einige *Krunck*-Horrorstorys. Der Geschmack des Gebräus wurde mit dem von drei Tage altem, mit Getränkepulver versetztem Bier verglichen. Angeblich verursacht es so ziemlich alles von Halluzinationen bis Krätze. Dann aber kam das Schlimmste: Offensichtlich handelte es sich um eine neue experimentelle Mischung aus einer Malz-Spirituose und einem Energydrink voller Koffein. Den Rest des Abends konnte sich Joe nur noch im Bett herumwälzen. Und gelegentlich rülpsen. Das also war das Ende von Joes vermeintlich funkelnden Idee.

Doch die Türen zu anderen Optionen schlossen sich nicht so schnell.

Der Mythos von der einzig wahren Berufung

Durch Joe und andere, die sich ebenfalls für viele unterschiedliche Dinge begeistern, bin ich zu dem Schluss gekommen, dass nicht jeder eine einzige innere Leidenschaft hat, die er bis zum Ende seines Lebens einsetzt. Solche Menschen fühlen sich wohl, wenn sie immer wieder neue Herausforderungen annehmen können. Bei ihnen stellt sich eher die Frage, womit sie *heute* ein Funkeln wachrufen können. Diese Woche wird Joe wahrscheinlich den Geschäftsplan eines Freundes unter die Lupe nehmen. Nächste Woche wird er seine Weinkenntnisse dazu nutzen, um einem Nachbarn einen guten Rat zu geben, damit dieser die perfekte Flasche zur Feier eines Jubiläums findet (natürlich könnte er ihm auch ein Sixpack *Krunck* empfehlen, das ist immer eine super Idee).

Falls du auch so gestrickt bist, bedeutet das keinesfalls, dass du einen geringeren positiven Einfluss hast als andere – er verteilt sich nur stärker, sodass du verschiedene Menschen zu verschiedenen Zeiten erreichst. Wenn du das Gefühl hast, das zu tun, wozu du bestimmt bist, wenn dein Funkeln etwas in deinem Leben aufblühen lässt und dich mit anderen verbindet, dann weißt du, dass du auf dem richtigen Weg bist. Gehst du abends an den meisten Tagen mit der Gewissheit zu Bett, der Welt etwas Schönes gegeben zu haben, das vorher nicht da war – auch wenn es etwas Kleines ist –, stehen die Chancen gut, dass du genau dort bist, wo du sein sollst.

Wenn es Zeit für etwas Neues wird

Es gibt noch eine weitere Gefahr, wenn wir glauben, dass nur eine einzige Sache dieses Funkeln bei uns bewirkt: Wir bleiben stecken, weil wir uns an etwas klammern, für das wir zu brennen meinen, was aber schon lange erloschen ist. Wenn die Zeit gekommen ist, weiterzugehen und eine neue Mission zu finden, verpassen wir vielleicht die richtige Gelegenheit, weil wir denken, wir hätten der Welt nichts anderes zu bieten.

Mein Großvater war den Großteil seines Erwachsenenlebens lang Ingenieur. Über viele Jahre war es sein Beruf, in dem sich sein Funkeln zeigte – nicht nur in der Arbeit selbst, sondern auch in den Management-Aufgaben, die damit verbunden waren. Wenn er Mitarbeitende einstellte, achtete er auf Diversität, und das zu einer Zeit, in der dieses Kriterium leider noch kaum jemand wichtig nahm. Aus seinem Team kündigte praktisch nie jemand. Im Gegenteil: Alle suchten seinen beruflichen und persönlichen Rat. Dadurch entwickelten sie sich unter seiner Leitung sowohl fachlich als auch charakterlich weiter. Darüber hinaus gelang es meinem Großvater, Raffinerien unter komplizierten Umständen rechtzeitig und innerhalb des vorgesehenen Budgets zu bauen. Jeden Tag ging er mit großer Freude zur Arbeit und war zuversichtlich, damit etwas Gutes zu bewirken.

Dann aber erkrankte er mit 52 Jahren an Hepatitis, weil er verdorbene Meeresfrüchte gegessen hatte. Er kam dem Tod so nahe, dass die Ärzte ihn aufgeben mussten. Zu der Zeit hatte er in Tampico, Mexiko, gearbeitet. Man flog ihn zurück nach Texas zu seiner Familie, aus dem einfachen Grund, weil es zu viel Bürokratie bedeutet hätte, einen Verstorbenen über internationale Grenzen zu befördern. Man transportierte ihn also mehr tot als lebendig, um die Logistik für die Beerdigung zu vereinfachen. Wie durch ein Wunder überlebte mein Großvater, aber es dauerte Monate, bis er sich erholte, und ganz gesund wurde er erst Jahre später. Er war gezwungen, sich vorzeitig in den Ruhestand zu begeben. Seine Karriere war vorbei.

Das sind die Situationen, in denen jemand, der nur eine einzige Berufung zu haben glaubt, völlig entgleisen kann. Wäre mein Großvater davon ausgegangen, dass sein besonderes Funkeln ganz und gar an seinem Job hing, so hätte ihn diese Wendung zur Verzweiflung gebracht. Er hätte es empfunden, als wäre ihm seine Fähigkeit abhandengekommen, die Welt mit seiner Begabung heller zu machen; er wäre überzeugt gewesen, dass seine besten Jahre hinter ihm lagen. Doch zum Glück war es nicht so. Stattdessen fragte er sich, wie er nun, unter diesen veränderten Umständen, anderen etwas von sich schenken und ihr Leben dadurch schöner machen konnte.

In den ersten Monaten seiner Genesungszeit konnte mein Großvater das Haus nicht verlassen; er konnte sich kaum länger als eine Stunde auf den Beinen halten. Schon immer hatte er sich fürs Kochen interessiert, doch nun stürzte er sich erstmals aktiv hinein. Mit all seiner Leidenschaft und Raffinesse widmete er sich seinen Kochkünsten. Zwischendurch musste er immer wieder lange Pausen einlegen, aber er kochte und kochte und kochte. Er las kulinarische Bücher, machte sich Notizen und kehrte wieder an den Herd zurück. Einmal verkündete meine Großmutter, sie könne keinen Schokoladenkuchen mehr sehen, nachdem ihr Mann achtzehn Abende hintereinander jeweils einen gebacken hatte, um das Rezept noch weiter zu verfeinern. Wie es so häufig passiert, hatte ein kleines Hobby ein helles Funkeln aus dem Verborgenen gelockt.

Es war ungefähr zu der Zeit, als ich geboren wurde. Ich habe meinen Großvater nie als Ingenieur gekannt, sondern nur als den »Chefkoch«, den Mann, der uns durch das, was er zubereitete, seine Liebe zeigte. Jedes große Ereignis wurde mit einem Essen bei ihm zu Hause gefeiert. Anlässlich der Geburt meines ersten Kindes kochte er Wildrouladen und eine Minzsahnetorte. Jeden Monat bereitete er für die Tennisgruppe meiner Mutter ein Mittagessen zu. Selbst als er schon neunzig war, liebte er es, wenn ihr Plaudern und fröhliches Lachen sein Haus erfüllten. Crêpes Suzette und selbst gemachte Apfelchips standen auf dem Tisch und er lief glücklich hin und her, um die Weingläser aufzufüllen oder eine Schüssel bunter Süßigkeiten dazuzustellen.

Es ist für mich eines der schönsten Beispiele eines persönlichen Funkelns, die ich je erlebt habe – und mein Großvater hätte all das verpasst, wenn er sich an seine Berufung aus der Vergangenheit geklammert hätte. Es wäre naheliegend gewesen, den alten Zeiten nachzuweinen. Er hätte in Depressionen abgleiten und denken können, dass er nun nichts mehr zu geben hätte.

Was mein Großvater erlebte, hat die bekannte Autorin und Rednerin Katie Prejean McGrady sehr gut in Worte gefasst. Auf Instagram schrieb sie darüber, wie sie selbst eine neue Leidenschaft gefunden hat.[20] Sie kam zu ihrer jetzigen Karriere, nachdem sie und ihr Mann gleichzeitig ihre Jobs verloren hatten. Katies ganzes Leben hatte sich um ihren Beruf gedreht. Sie war im sechsten Monat schwanger und die beiden hatten gerade ein Haus gekauft. Nun waren sie arbeitslos.

»Es waren die dunkelsten Tage meines Lebens. Ich fühlte mich allein und verlassen, von Freunden betrogen, von Menschen ignoriert, denen ich vertraut hatte; herausgedrängt aus allem, was ich liebte.« Sie gesteht offen, dass sie am liebsten aufgegeben hätte und in der Verzweiflung versunken wäre.

Glücklicherweise half ihr ein Freund, der Priester ist, von diesem Denken wegzukommen. Er sagte zu ihr: »Der beliebteste Trick des Bösen besteht darin, uns davon zu überzeugen, dass das, was wir früher hatten, das Einzige ist, was wir je haben werden.«

Wenn wir die Arbeit, die wir lieben, nicht mehr tun können,

fühlen wir uns blockiert und eine innere Stimme behauptet, wir seien am Ende – es habe sich ausgefunkelt.

Der Priester ermutigte Katie und ihren Mann, nicht die Hoffnung zu verlieren. Sie schreibt weiter: »Er forderte uns auf, uns vorzustellen, was sich an Gutem aus diesem schrecklichen Ereignis entwickeln könnte, wenn wir uns von Gott überraschen ließen.« Im Rückblick stellt Katie fest, dass ihr Freund den Nagel auf den Kopf getroffen hat: »Als wir unsere Jobs verloren, gab uns das die Freiheit, Dinge anzugehen, die wir vorher nie hätten tun können. Der Verlust eröffnete uns eine ganze Welt neuer Möglichkeiten. Wir konnten plötzlich so viele tote Äste abschneiden, die nur Ballast gewesen waren. Das alles führte uns in ein noch besseres Leben.«

Wenn dein Funkeln für eine Sache durch äußere Umstände ausgelöscht wurde, dann solltest du dir den Rat, den Katie damals bekam, auch zu Herzen nehmen. Sei hoffnungsvoll. Sei neugierig. Lass dich von Gott überraschen mit dem, was als Nächstes kommt.

Es kann sein, dass das, was dich nun zum Funkeln bringt, einen kleineren Umfang hat oder weniger glamourös erscheint als das, wofür du früher gebrannt hast. Wenn du aber genau hinschaust, wirst du feststellen, dass du auch hiermit etwas bewirken kannst – vielleicht sogar mehr, als es scheint. Mein Großvater hatte als Raffinerie-Manager einen großen Einflussbereich; aber ich glaube nicht, dass dieser wirklich größer war als der, den er mit seinen neunzig Jahren als Koch hatte, als er in seiner kleinen Küche so liebevoll Crêpes für seine Lieben backte.

Ich möchte gern noch von einem weiteren Beispiel erzählen. Als ich ein Benediktinerinnenkloster in der malerischen Stadt Mount Angel im US-Bundesstaat Oregon besuchte, lernte ich eine Nonne kennen. Sie war fünfundneunzig Jahre alt, besaß aber trotz dieses hohen Alters mehr Elan als manche Dreißigjährige. Ihr Funkeln und ihre Lebensfreude beeindruckten mich. Sie sprach wie jemand, dem eine besondere Mission anvertraut wor-

den war, als sie erzählte, dass sie an so viele Menschen wie möglich handgeschriebene Briefe versendete. Wenn sie zum Beispiel
einen Zahnarzttermin hatte, dann setzte sie sich anschließend zu
Hause an den Schreibtisch und verfasste eine liebevolle Karte, um
sich beim Praxisteam zu bedanken und ihnen zu sagen, was für
einen wichtigen Job sie machen. Dem Telefontechniker sandte sie
einen Brief, in dem sie ihn wissen ließ, wie sehr die Nonnen seine
ansteckende Fröhlichkeit genossen hatten, als er gekommen war,
um ihre kaputte Leitung zu reparieren. Sie schrieb sogar einem
Politiker, dessen Ansichten sie nicht teilte, einen freundlichen
Brief mit einem Kompliment für die gute Arbeit, die er leistete,
und versprach, für ihn zu beten.

Als die Nonne mir aus der Zeit erzählte, als sie noch jünger
gewesen war, tat sie das beinahe traurig – denn damals konnte sie
das, was sie heute tat, nicht verwirklichen.

»Ich verbrachte meine Zeit damit, bedürftigen Familien zu helfen, Möglichkeiten der finanziellen Versorgung zu finden. Das tat
ich zwar gern, aber daneben blieb einfach keine Zeit, um Briefe
zu schreiben. Ich bin so dankbar, dass Gott mir endlich den Freiraum dazu geschenkt hat!«

Sie erzählte mir einige Geschichten von Menschen, in deren
Leben ihre liebe Geste unerwartet große Kreise gezogen hatte.
Dann sagte sie fast mehr zu sich selbst als zu mir: »Ich habe das
Gefühl, mehr bewirken zu können als je zuvor in meinem Le-
ben.«

Nenn dein Funkeln ruhig beim Namen!

Wenn sich dein Funkeln in einem Berufsfeld zeigt, sind immer
gewisse Bezeichnungen und ein entsprechendes Image damit
verbunden. Wenn du in dem Punkt so tickst wie die meisten Leute, die ich kenne, fällt es dir deshalb möglicherweise schwer, diese
»Titel« für dich anzunehmen. Du hast vielleicht entdeckt, dass

du eine schauspielerische Gabe hast, aber du würdest dich nie als Schauspielerin oder Schauspieler bezeichnen. Du redest dir ein, dafür müsstest du erst eine gewisse Ebene des Erfolgs erreicht haben.

Dann verrate ich dir ein Geheimnis: So etwas nennt sich Hochstapler-Syndrom. Selbst unter Profis kommt das vor.

Es bedeutet, dass du das Gefühl hast, du hättest kein Recht, mit dem, was du tust, oder der Erfolgsebene, die du erreicht hast, in Verbindung gebracht zu werden. Du sitzt im Büro und wartest darauf, dass die Chefin kommt und alles erledigt, bis du merkst, dass du selbst die Chefin bist. Oder du betrittst die Bühne, um einen Preis entgegenzunehmen, und denkst: Wenn die wüssten, wie es wirklich war, würden sie mir die Auszeichnung wieder wegnehmen und mich auf meinen Platz zurückschicken. Offen gesagt geht es mir jedes Mal so, wenn ich ein Auto miete. Sobald ich auf dem Fahrersitz eines Wagens Platz nehme, der nicht mir gehört, kommt mir der Gedanke: *Muss ich nicht erst meine Mama um Erlaubnis fragen?* Klassischer Fall von Hochstapler-Syndrom.

Als Radiomoderatorin habe ich zahllose Leute interviewt, die das Glück hatten, mit dem, was sie zum Funkeln bringt, astronomische Erfolge zu erzielen. Ich habe mit preisgekrönten Musikerinnen, Filmstars und Bestsellerautoren gesprochen und es überrascht mich immer wieder, wie viele von ihnen unter dem Hochstapler-Syndrom leiden. Kürzlich sagte mir eine Autorin, es fühle sich falsch an, sich selbst als solche zu bezeichnen. Ich fing laut an zu lachen, denn diese Frau hat nicht nur ein, sondern gleich zwei Bücher geschrieben, die auf der Bestsellerliste der New York Times gelandet sind!

»Wenn die Platzierung auf der renommiertesten Bestsellerliste der Welt Sie nicht zu einer echten Autorin macht, was um Himmels willen dann?«, fragte ich.

Da musste sie auch lachen. »Ich weiß, es hört sich lächerlich an, wenn ich das laut ausspreche.« Doch was sie als Nächstes sagte, ließ mich aufhorchen: »Ich glaube, ich vergleiche mich immer mit Leuten, die mehr Erfolg haben als ich. Klar, ich war auf dieser Liste, aber nur für eine Woche und nur ganz unten. Irgendwie baumelt da immer eine Karotte vor meiner Nase, die mir sagt, dass ich noch eine weitere Auszeichnung brauche, um mich wirklich legitimiert zu fühlen.«

»Aber wenn Sie sie bekommen, ist es immer noch nicht genug, oder?«, fragte ich und dachte an meine eigenen Erfahrungen. »Ich wette, es gab am Anfang Ihres Schaffens Zeiten, da hätten Sie gesagt, schon eine einmalige Platzierung auf einer x-beliebigen Bestsellerliste würde Sie zu einer richtigen Autorin machen. Aber als Sie es tatsächlich geschafft hatten, legten Sie die Messlatte noch ein bisschen höher, stimmt's?«

»Ja genau.« Nach einer langen Pause fuhr sie fort: »Ich glaube, es wird Zeit, dass ich mich wirklich als Autorin betrachte.«

Wenn du etwas gefunden hast, was du gerne tun möchtest, dann steh zu der Bezeichnung, die damit einhergeht. Eigne sie dir selbstbewusst an, und zwar jetzt. Manche Leute mögen das infrage stellen – womöglich lacht dein Onkel dich aus, weil du dich als Bildhauerin bezeichnest, aber noch nie ein Werk vollendet hast. Wenn aber die Erschaffung von Skulpturen der Weg ist, auf dem du der Welt Liebe schenkst, dann *bist* du eine Bildhauerin.

Doch jetzt kommt das Wichtigste: Du solltest dir die jeweilige Bezeichnung zwar aneignen, aber nicht deine Identität an ihr festmachen.

Wenn du Cello spielst und denkst, deine Identität als Mensch hinge davon ab, dann werden die Höhen und Tiefen deiner musikalischen Arbeit dich mit sich reißen. Nach einem schlechten Auftritt wirst du nicht nur dein Können anzweifeln, sondern dich als Mensch. Und genau das wird deine weitere Entwicklung beeinträchtigen. Es wird schwierig, sich konstruktiver Kritik zu stellen, wenn man jedes negative Feedback persönlich nimmt, nur weil man sich über die Maßen mit seiner kreativen Arbeit identifiziert. Und wenn eine schicksalhafte Wendung dich unfähig macht, dein Funkeln weiterzuverfolgen, kann dich das zerstören.

Dann geschieht das, wovor Katie Prejean McGradys von ihrem Freund gewarnt wurde: Du kommst schnell zu dem Schluss, dass du nie wieder einen Beitrag für die Welt wirst leisten können. Als die berufliche Karriere meines Großvaters so abrupt endete, hätte es ihn seelisch zerstören können, wenn er sich allein darüber definiert hätte.

Unser Wert als Person ist völlig unabhängig von dem, wofür wir brennen. Das zu verstehen, schenkt uns die Freiheit, eine neue Leidenschaft zum Funkeln zu bringen, wenn das, wofür wir bisher Feuer und Flamme waren, verglüht. Und vielleicht werden wir genau wie mein Großvater und die Briefe schreibende Nonne merken, dass wir mit unserer neuen Aufgabe mehr bewirken können als je zuvor.

16. Du darfst um Hilfe bitten

Kürzlich stieß ich im Internet auf eine Diskussion. Es ging um eine bekannte Motivationsrednerin. Die Beiträge waren alles andere als positiv. Die Leute, die sich einschalteten, mochten ihre Botschaft nicht, ja nicht einmal die Art, wie sie sich kleidet. Nach einigem Hin und Her über ihre schlechten Eigenschaften hatte jemand offenkundig etwas Schockierendes herausgefunden. Eine Userin hatte ein paar Nachforschungen angestellt und meldete sich nun mit triumphierenden Nachrichten zurück, mit dem schlimmstmöglichen Fakt, der dem Ruf dieser Frau den endgültigen Todesstoß versetzen würde. Zuerst übersprang ich die Information und las nur die Reaktionen. Nach dem zu schließen, was dort geäußert wurde, nahm ich an, die große Offenbarung bestünde darin, dass diese Frau eine Heroinplantage betreibt. Als ich dann aber zurückscrollte und sah, worum es in Wirklichkeit ging, musste ich feststellen, dass es in den Augen vieler moderner Menschen etwas noch viel Schlimmeres war: *Sie hat Hilfe.*

Sie hat ein Kindermädchen. Sogar eine Haushälterin, die jede Woche kommt.

Man konnte förmlich ein kollektives Luftschnappen hören, als diese Details ans Licht gekommen waren. Ich habe schon ein ums andere Mal persönlich miterlebt, wie diese Art von Information aufgenommen wird. Wenn die Leute merken, dass eine erfolgreiche Frau Unterstützung hat, dann quittieren sie das nur allzu oft mit einem ernsten Kopfschütteln, enttäuscht, aber auch zufrieden darüber, dass sie jetzt wissen: Das Leben dieser Frau ist eine einzige Lüge.

Das muss endlich aufhören.

Auch wenn diese Mentalität vor allem unter Müttern verbreitet ist, wenn sie über andere Mütter reden, kann man sie in allen Lebensbereichen antreffen. Unsere Kultur betrachtet den Individualismus als eine Tugend. Wenn wir erfahren, dass eine Unternehmensinhaberin einen Berater engagiert hat, um ihre Finanzen neu zu strukturieren, oder wenn ein viel beschäftigter Rentner sich seine Mahlzeiten liefern lässt, um mehr Zeit für seine ehrenamtlichen Tätigkeiten zu haben, wird schnell das Urteil gefällt, dass diese Leute betrügen. Ihnen wird nicht zuerkannt, dass sie ihr Leben gut meistern, weil sie nicht alles zu hundert Prozent selbst erledigen.

Diese Mentalität ist neu in der Geschichte der Menschheit, sie ist in jedem Bereich schädlich und sie hält uns davon ab, unser Funkeln in vollem Umfang in die Welt zu bringen.

Eltern brauchen Hilfe

Das hyperindividualistische Denken, das in unserer Gesellschaft vorherrscht, ist für niemanden gut, aber besonders betroffen sind Eltern. So oft höre ich von Müttern und Vätern, es gebe in ihrem Leben keinen Raum für ein Funkeln, weil sie mit ihren familiären Aufgaben völlig ausgelastet und viel zu erschöpft seien. Was antworte ich darauf? Natürlich seid ihr erschöpft! Wenn uns das Elternsein schwerer vorkommt, als es eigentlich sein müsste, dann deshalb, weil es *tatsächlich* so ist. Es war nie vorgesehen, dass wir alles allein machen sollen.

In meinem College-Kurs in Historischer Anthropologie brachte mich diesbezüglich eine Sache ins Nachdenken: Über Zehntausende von Jahren, bis kurz vor unserer Zeit, lebten die Menschen in Stammesverbänden. Sie verbrachten ihr Leben in Dörfern oder anderen kleinen, eng miteinander verbundenen Gemeinschaften. Wer nicht verheiratet war, wohnte üblicherweise dicht bei seinen Eltern und Geschwistern. Eltern zogen ihre Kinder nie in einer isolierten familiären Einheit groß, ganz auf sich allein gestellt, geografisch abgesondert von ihren übrigen Verwandten.

Solche starken Gemeinschaften trifft man auch in der neueren Geschichte an. In den christlichen Kulturen des alten Europas lebten die Menschen in Gemeinschaften, wo auch entferntere Verwandte und langjährige Freunde stets in der Nähe waren. In vielen Teilen der Welt sieht man auch heute noch, wie besonders Frauen ihre tägliche Arbeit gemeinsam erledigen. Beim Wasserholen oder Wäschewaschen singen und reden sie miteinander. Die Kinder laufen in Gruppen umher und werden von älteren Kindern oder Jugendlichen aus dem Dorf locker beaufsichtigt.

In unseren Kreisen hat es stark abgenommen, dass Kinder ohne Begleitung von Erwachsenen für ganze Nachmittage zum Draußenspielen losziehen; tendenziell verbringen Eltern viel mehr Zeit damit, ein Auge auf ihren Nachwuchs zu haben – vom Phänomen der Helikoptereltern ganz zu schweigen.

Um es noch einmal zu sagen: Wenn sich das moderne Elternsein schwer anfühlt, dann deshalb, weil es schwer ist.

Diesen Gedanken ziehen wir oftmals deshalb nicht in Erwägung, weil es so vieles gibt, was uns das Leben leichter macht. Wir haben Zugang zu wichtigen Luxusgütern, die frühere Generationen nicht besaßen, wie zum Beispiel Geschirrspüler, die moderne Medizin oder Fertigtomatensoßen. Zweifellos ist das Elternsein in Bezug auf die körperliche Arbeit heute einfacher. Aber wir sollten nicht unterschätzen, auf welche Weise es dafür psychisch anstrengender geworden ist.

Eine Mutter erzählte einmal bei einem Spieltreffen, wie ihr Mann verreist war und sowohl sie als auch ihre beiden drei- und einjährigen Kinder eine Magen-Darm-Grippe bekamen. Ich werde nie ihre Beschreibung vergessen, wie sie mitten in der Nacht aufstehen musste, obwohl sie selbst krank war. Sie hatte Fieber, musste sich übergeben und fühlte sich todelend. Zwischen ihren eigenen Übelkeitsattacken musste sie die Betten neu beziehen, die Waschmaschine anwerfen und sich um die Kinder kümmern, die sich ebenfalls erbrachen und weinten. In jener Nacht tat sie praktisch kein Auge zu und wusste, dass sie diese Situation weitere 48 Stunden würde aushalten müssen. Ihre nächsten Familienangehörigen lebten mehr als tausend Kilometer entfernt und sie selbst wohnten erst seit einem Jahr in dieser Gegend und kannten niemanden gut genug, um ihn um zwei Uhr morgens anzurufen und zu bitten, in ihr grippeverseuchtes Haus zu kommen.

Als die anderen Mütter in der Runde das hörten, nickten sie kichernd und sagten, das hätten sie auch schon erlebt. Sie reagierten mit einem schulterzuckenden »So ist halt das Leben«.

Als ich sie so reden hörte, schrie ich innerlich: *Leute, das ist doch verrückt! So war das doch nie gedacht!*

Egal, ob es dein Ziel ist, dein Funkeln so hell werden zu lassen, wie es nur geht, oder ob du nur ein bisschen mehr Ruhe haben willst: Das Wichtigste, was du als Mutter oder Vater tun kannst, ist, dir dein eigenes Dorf zu schaffen. Es war nie so geplant, dass du deine Kinder ganz allein großziehst, und es ist geradezu unnatürlich, bei der Kinderbetreuung keine Unterstützung von einer größeren Gemeinschaft zu bekommen. Wenn diese Gemeinschaft nicht automatisch vorhanden ist, solltest du dir eine suchen.

Wenn »Ich kann nicht« in Wirklichkeit bedeutet: »Ich bin damit überfordert«

Warum wird über Eltern, die Hilfe in Anspruch nehmen, schnell abfällig gedacht und geredet? Der Grund liegt meiner Meinung nach darin, dass wir das Gefühl haben, sie würden nicht nach denselben Regeln spielen wie der Rest von uns. Wir nehmen an, dass jeder, der sich Hilfe holt, teures, gut ausgebildetes Vollzeitpersonal hat, so wie in *Downton Abbey*. Und da wir uns das nicht leisten können, werfen wir empört die Hände in die Luft und tun so, als würden diese Leute irgendwie schummeln.

Jahrelang habe auch ich mich hinter der Ausrede »Ich kann mir das nicht leisten« versteckt, um nicht die Hilfe in Anspruch nehmen zu müssen, die ich brauchte. Und in gewisser Weise stimmte dieser Satz ja. Ich selbst hatte damals kein Einkommen und Joe befand sich in einer beruflichen Übergangsphase und musste außerdem noch das Darlehen für seine enormen Studienkosten zurückzahlen. Wir hatten also kein Geld übrig, nachdem wir unsere Rechnungen bezahlt und unsere Lebensmittel eingekauft hatten. Doch als ich mich mit Joe zusammen hinsetzte und plante, entdeckte ich Wege, wie wir das Geld für ein paar Stunden Babysitting die Woche erübrigen konnten. Es würde spürbare Opfer bedeuten, aber es war möglich. Joe war mit mir einer Meinung, dass es eine beinahe genauso hohe Priorität bekommen sollte wie das Begleichen unserer Stromrechnung. Wir wollten es nicht länger als Luxus betrachten, sondern als Notwendigkeit.

In Wirklichkeit waren die finanziellen Hindernisse gar nicht mein Hauptproblem gewesen – es war eher so, dass mich der ganze Prozess des Hilfesuchens überforderte und ratlos machte. Das sah konkret zum Beispiel so aus:

Ich sagte: »Das würde uns zu viel kosten.«

Ich meinte aber: »Ich kann mir nicht vorstellen, wie man jemanden fürs Babysitting findet. Muss ich in bestimmten Rubriken in der Zeitung nachschauen, als ob wir uns noch im Jahr 1985 befänden? Ich habe keine Ahnung.«

Ich sagte: »Ich bezweifle, dass wir wirklich jemand Gutes finden werden.«

Ich meinte aber: »Unsere Dreijährige befolgt die Anweisungen, die ihr ein imaginärer Freund gibt. Vielleicht ist es besser, wenn es dafür keine Zeugen gibt.«

Ich sagte: »Wahrscheinlich ist sowieso niemand zu den Zeiten verfügbar, wenn wir ihn brauchen.«

Ich meinte aber: »In meinem Haus herrscht eine katastrophale Unordnung. Ich will nicht, dass jemand sieht, wie wir hier leben.«

Jemanden zum Hüten unserer Kinder anzustellen, gehörte zum Schwierigsten, was ich je unternommen habe. Ich kam mir vor wie eine Topmanagerin, die eine Firmenfusion zu überwachen hat. Ich schaute Bewerbungsmails durch, setzte Gespräche an und verhandelte über Gehälter. Dann fand ich eine wunderbare junge Frau, die gerne ein paar Dollar verdienen wollte, bis sie mit der Highschool fertig war. Sie kam an zwei oder drei Nachmittagen in der Woche zu uns und das half mir über die Runden, vor allem an solchen Tagen wie dem, an dem ich die Töpfchen fürs Toilettentraining für immer aus unserem Haus verbannte, aus Gründen, mit denen ich dich nicht weiter belasten will; schließlich gibt es Bilder, die man nie wieder loswird. An solchen Tagen also klammerte ich mich an die Gewissheit, dass die Babysitterin bald kommen und mich erlösen würde.

Die ersten Male, die sie bei uns war, versteckte ich mich in meinem Arbeitszimmer und fand keine Ruhe, weil ich immer lauschte, was sich im unteren Stockwerk abspielte. Ich lehnte an der Tür und biss mir in die Faust, während ich unten im Wechsel freche Widerreden und die sanfte Stimme unserer Babysitterin hörte. Jeden Moment rechnete ich damit, sie auf der anderen Seite der Tür schreien zu hören, dass diese Kinder Monster seien und sie auf der Stelle kündige.

Wundersamerweise verließ sie uns jedoch nicht, ich lernte mich zu entspannen und fand immer mehr Freiraum für mein Funkeln. Ich arbeitete an meinem Buch und an verschiedenen anderen Projekten. Und dann geschah etwas Überraschendes: Ich begann Geld zu verdienen. Dabei hatte ich mich nicht einmal darum bemüht. Ich liebte ganz einfach das Schreiben, es verlieh mir Energie und ich schien dazu bestimmt zu sein, also tat ich es. Dann tauchten Menschen auf, die mich baten, gegen Bezahlung zu schreiben. Es war nicht viel, aber es genügte, um unsere Babysitterin noch für ein paar Extrastunden kommen zu lassen.

Wie stark sich diese Entwicklung auf mein Glücksempfinden ausgewirkt hat, lässt sich kaum beschreiben. Die Erleichterung, die ich spürte, war nicht die alltägliche, die wir empfinden, wenn wir uns nach einem arbeitsreichen Tag entspannen. Jahrelang war mein innerer Druck gestiegen, und als er endlich nachließ, war es, als würde ein Damm brechen.

Hilfe ist kein unanständiges Wort!

Menschen, die keine kleinen Kinder haben, können zeitlich natürlich ebenso überfordert sein wie Eltern. Meine Tante – sie ist Rentnerin – lehnte sich angesichts ihrer umfangreichen To-do-Liste einmal erschöpft an einen ihrer Küchenschränke und sagte mit erstaunter Stimme: »Ich weiß gar nicht, woher ich früher auch noch die Zeit für meinen Beruf genommen habe!«

Wenn du das Gefühl hast, absolut keinen Freiraum für dein Funkeln zu haben, solltest du das als Hinweis sehen, dass du nicht alles allein machen kannst.

Gibt es in deinem Budget keine Möglichkeit, zeitsparende Dienste wie Haushaltshilfen oder Essenslieferungen in Anspruch zu nehmen, dann solltest du außerhalb deines üblichen Rahmens nach Hilfe Ausschau halten. Vielleicht möchte dein Kollege eine Fahrgemeinschaft bilden und du kannst die Fahrt zur Arbeit dazu nutzen, E-Mails zu beantworten, um das nicht abends tun zu müssen. Hast du eine Freundin, die gerne kocht? Dann frag sie doch, ob sie dir ein paar Mahlzeiten zubereiten könnte, und nutze im Gegenzug dein Funkeln, um ihr zu helfen. Bitte deine Tante, ob sie mal eine Weile auf deine Kinder aufpassen kann, selbst wenn deine einzige Gegenleistung darin besteht, ihr ewig dankbar zu sein und all ihre Posts zu liken.

Ich weiß nicht, wie das Ganze im Detail für dich aussehen könnte, aber eins ist sicher: Wenn du anfängst, den Leuten in deiner Umgebung anzuvertrauen, dass du Hilfe brauchst, kann Erstaunliches passieren. Gib eine ehrliche Antwort auf die Nachfrage, wie es dir geht. Sag deinem Gegenüber, dass du völlig überlastet bist, und frag um Rat.

Wenn du deine Finanzen so umstrukturieren kannst, dass ein

paar Gelder frei werden, trau dich, die Hilfe »einzukaufen«, die du brauchst. Vor ein paar Tausend Jahren brauchten die Menschen kein Lebensmittelbudget, weil es keine Läden gab; das war nicht die Art und Weise, wie sie an ihr Essen kamen. Heute aber müssen wir Geld für diese Ausgaben beiseitelegen, weil es einfach Teil des modernen Lebens ist. Genauso sollten wir über unser »Hilfe-Budget« denken. Früher mussten die Leute nicht für die Kinderbetreuung bezahlen, weil dieser Bedarf durch das Leben in einer Gemeinschaft abgedeckt war. Doch heute leben wir mit anderen Rahmenbedingungen. Früher hätten wir in einer Dorfgemeinschaft gelebt, und wenn wir eine solche nicht haben, brauchen wir uns nicht zu schämen, wenn wir uns eine zusammensuchen.

Um es noch einmal zu sagen: Ich weiß, dass kaum jemand von uns große Geldstapel zu Hause liegen hat, die er jemandem hinwerfen kann, damit der alle Probleme löst. Manchmal können wir uns Hilfe tatsächlich aus finanziellen Gründen nicht leisten. Oder wir haben nicht die Energie, uns damit zu beschäftigen. Das ist völlig in Ordnung. Ich möchte nur, dass du umdenkst. Du musst nicht unbedingt bezahlte Hilfe in Anspruch nehmen, aber du solltest sie auch nicht als überflüssige Ausgabe betrachten. Vielleicht stellst du einen Babysitter ein oder eine Haushaltshilfe oder jemanden, der dir den Rasen mäht. Vielleicht aber auch nicht. Das Entscheidende ist, den Wunsch nicht zum Tabu zu machen.

17. Du kannst Nein sagen

Früher gab es im Fernsehen eine Gameshow namens *Glück am Drücker*. Die Teilnehmer mussten durch das Drücken eines Knopfes ein Blinklicht stoppen, das um das Spielfeld an der Wand herumlief. Gespannt warteten sie darauf, ob sie auf einem Gewinnfeld landeten oder ob der Pleitegeier »Raffi« auftauchte und sie ihr gewonnenes Geld verloren. Das führte dazu, dass sie mitunter verzweifelt »Bitte, bitte, nicht Raffi!« riefen. So ähnlich war es häufig auch bei mir, wenn ich am Anfang der Woche meinen Terminkalender öffnete. Während ich wartete, bis die App geladen war, flehte ich leise vor mich hin, in der Hoffnung, dass mich kein Unheil treffen würde. Aber es gab kein Entrinnen. Man konnte förmlich die traurige Gameshow-Fanfare hören, wenn meine Termine aufploppten. Was bei mir schwand, waren jedoch keine Preisgelder, sondern meine Lebenskraft.

Beachtenswert ist der passive Charakter der ganzen Situation. Die Mitspieler von *Glück am Drücker* beteten, hofften und wünschten, dem Pleitegeier zu entgehen, wussten aber, dass es nicht in ihrer Macht stand. Alles lag beim Computer hinter den Kulissen. Mir ging es mit meinem Kalender im Grunde auch so. Ich hoffte, einen Terminplan zu haben, auf den ich mich freuen konnte, hatte aber das Gefühl, das nicht steuern zu können. In meinem Fall war es jedoch kein Computer, der die Kontrolle über meinen Kalender hatte, sondern die Meinungen anderer Leute.

Der amerikanische Milliardär Warren Buffett schreibt, der Unterschied zwischen erfolgreichen und sehr erfolgreichen Leuten bestehe darin, dass die sehr erfolgreichen Leute »zu fast allem Nein sagen«.[21] Das ist ein sehr aufschlussreiches Zitat, aber es ist leichter gesagt als getan. Wir alle wissen rein verstandesmäßig, dass wir uns terminlich nicht überlasten sollten. Ich kenne niemanden, der die Auffassung vertritt, wir sollten uns mit zu vielen Verpflichtungen aufreiben. Wie kommt es dann aber, dass unser Terminplaner allzu oft nicht unsere eigentlichen Prioritäten widerspiegelt?

Greg McKeown, Autor des Buches *Essentialismus*, erzählte in einem Interview mit dem amerikanischen Hörfunksender NPR, wie er nur wenige Stunden nach der Geburt seiner Tochter aufbrach, um an einer Sitzung teilzunehmen.[22]

»Wie kann das passieren?«, fragt er sich laut. »Wie kommt es, dass sich kluge, fähige Leute vom Trivialen überlisten lassen?«

Seine Antwort benennt genau das Problem, mit dem ich es in meinem Leben auch zu tun hatte: »Es ist der gesellschaftliche Druck. Wissen Sie, wir reden viel über das Problem des Informationsüberflusses. Doch seit mindestens zehn Jahren ist nicht mehr der Informationsüberfluss das Problem, sondern der *Meinungs*überfluss.«

Meinungsüberfluss. Da haben wir's.

Wir alle leben unter dem Druck von gefühlt Millionen »Du solltest«-Appellen. Beispielsweise in meiner Rolle als Mutter werde ich damit bombardiert: *Du solltest jeden Abend eine warme Mahlzeit kochen. Du solltest die Fußballmannschaft deines Kindes trainieren. Und die Tanzgruppe. Und das Volleyballteam. Du solltest bei Schulprojekten mitarbeiten. Du solltest Wanderungen mit den Kindern unternehmen. Du solltest dich dieser Gruppe von Müttern anschließen. Du solltest hübsche Dinge basteln.* (Zugegeben, Letzteres würde niemand, der mich kennt, ernsthaft vorschlagen.) Meine Freundin, die Single ist, wird mit ähnlich vielen »Du solltest«-Vorschlägen konfrontiert, nur aus einer anderen Richtung: *Hey, du bist ja Single, also hast du jede Menge Freizeit! Du solltest zum Gemeindefest etwas zu essen beisteuern. Du solltest die Geburtstagsfeier deiner Kollegin organisieren. Du solltest häufiger auf Dates gehen. Für dich ist es doch bestimmt kein Problem, dieses sechsmonatige Projekt auf den Weg zu bringen und zu begleiten, oder?*

Es kann erstaunlich schwierig sein, sich aus der Tyrannei fremder Meinungen zu befreien, die uns vorschreiben, was wir mit unserer Zeit anfangen sollen. Besonders schwer fällt es denen unter uns, die sehr harmoniebedürftig sind. Wenn wir mit unserem Funkeln verbunden bleiben, gibt es uns den Antrieb, den wir brauchen, um notwendige Grenzen zu setzen, weil es dieses große Gefühl einer Berufung mit sich bringt. Menschen wie Warren Buffett haben schon von Natur aus diese Mentalität. Sie scheinen instinktiv zu spüren, wozu sie bestimmt sind. Immer wenn etwas ihre Zeit beanspruchen will, fragen sie sich, ob es mit ihrer Mission übereinstimmt, und nehmen es dann entweder an oder lehnen es ab. Unser Funkeln kann auch uns an diesen Punkt bringen: Es erleuchtet den Weg, auf den wir uns begeben sollen, sodass wir selbstbewusst darüber entscheiden können, welche Verpflichtungen uns in die richtige Richtung führen. Wenn wir dann die Möglichkeiten, die uns zu weit vom Weg abbringen, ablehnen, tun wir das ohne schlechtes Gewissen, weil wir wissen, dass wir auf andere Weise unser Bestes geben.

Auf einer Konferenz sprach ich mit einer Frau, die kurz zuvor entdeckt hatte, dass ihr Funkeln im Bereich des Fundraisings liegt. Im Unterschied zu den meisten Leuten gefällt es ihr, andere um Geld zu bitten. Wenn sie auf eine Sache aufmerksam wird, durch die die Welt zu einem besseren Ort wird, stürzt sie sich voller Begeisterung in die Aufgabe, Menschen zu finden, die spenden könnten, und ihnen deutlich zu machen, wie sie durch ihre Großzügigkeit Gutes bewirken können.

Die Unterhaltung mit ihr war für mich sehr aufschlussreich (vor allem, weil ich selbst diese Art von Arbeit als ungeheuer stressig empfinden würde!). Was mich am meisten überraschte, war ihre Bemerkung, dass ihr Terminkalender nicht mehr so überfüllt sei wie zuvor.

»Früher war ich ständig überlastet«, berichtete sie. »Ich wollte das Gefühl haben, der Welt etwas zu geben, also sagte ich zu allem Ja.« Sobald sie aber ihr Funkeln gefunden hatte, erkannte sie, wie viel sie dadurch erreichen konnte. Folglich war sie sehr motiviert, in ihrem Kalender Raum dafür zu schaffen. Die Begabung fürs Fundraising schenkte ihr das Gefühl, dass ihr Leben eine Bestimmung hatte, und so fiel es ihr leichter, Nein zu dem zu sagen, was sie von dieser neuen Aufgabe ablenkte.

Dein Kalender sollte deine Mission widerspiegeln

In ihrem bereits erwähnten Buch *Magic Cleaning* stellt Marie Kondo der Welt ein revolutionäres Konzept der Entrümpelung vor: nur die Dinge zu behalten, die uns »glücklich machen«. Statt unseren Besitz nach dem Gesichtspunkt durchzugehen, ob der jeweilige Gegenstand nützlich ist oder ob wir ihn in letzter Zeit benutzt haben, schlägt Kondo vor, uns selbst die Frage zu stellen, ob der Gegenstand uns inspiriert. Sie schreibt, alle Dinge, aus denen sich unser Besitz zusammensetze, seien »Ausdruck unseres Lebensstils«, sie »erzählen davon, was wir uns wünschen, wovor wir Angst haben und wie wir letztendlich handeln«.[23] Wenn ein Gegenstand, den du betrachtest, dir ein gutes Gefühl gibt, behalt ihn; wenn er dich runterzieht, wirf ihn weg – selbst wenn es sich dabei um etwas handelt, das bei dir jeden Tag in Gebrauch war.

Ich schlage vor, dass wir dasselbe mit dem Inhalt unseres Kalenders machen.

Schlag also deinen Kalender auf und schau dir deine Termine an. Bei jeder Verpflichtung, die dir dort begegnet, solltest du dir die Kondo-Frage stellen: »Ruft sie Freude hervor?«

Natürlich gibt es immer Einträge, die wir nicht mogen. Doch selbst hier kann sich die Frage lohnen, ob wir ein wenig von unserem Funkeln dort hineinbringen können, damit ein kleines bisschen Freude aufkommt. Wenn deine Mithilfe bei Schulprojekten deiner Kinder dich nicht gerade begeistert, könntest du vielleicht eine andere Form des schulischen Engagements wählen, bei der das, wofür du brennst, mit eingebracht werden kann?

Wenn dich gemeinsame Unternehmungen mit deinem Team von der Arbeit eher ermüden, du aber Sport magst, dann könntest du die anderen einladen, mit dir gemeinsam am Wochenende ein Spiel anzuschauen. Meine Freundin, die auch Autorin ist, hasst Zahnarzttermine. Sie hat vor einer Weile zu einer anderen Praxis gewechselt, wo das Personal freundlicher ist und die sich in der Nähe ihres Lieblingscafés befindet. Nun verwöhnt sie sich nach jedem Zahnarzttermin mit einem Besuch in diesem Café, wo sie schreiben und die Atmosphäre genießen kann. Solche Dinge scheinen nur geringfügige Veränderungen zu sein, aber wenn du sie vornimmst, wirst du überrascht sein, wie viel mehr Energie du dadurch haben wirst.

Setze konsequent Prioritäten!

Jede Entscheidung, die wir treffen, ist das Ergebnis einer Abwägung. Wenn wir das eine tun, haben wir beschlossen, das andere *nicht* zu tun. Selbst keine Entscheidung zu treffen, ist eine Entscheidung: So lange im Bett zu liegen und sich Gedanken darüber zu machen, ob man an seinem Roman weiterarbeiten will, bis die Zeit um ist, in der wir es tun könnten, ist auch eine Entscheidung. *Alles ist eine Frage des Abwägens.*

Dieser Gedanke wurde schon von vielen geäußert, aber ich betone ihn deshalb so stark, weil ich ihn selbst die meiste Zeit meines Lebens nicht begriffen habe. Ich driftete von einer Sache, die mir Spaß machte, zur anderen und dachte nie darüber nach, wohin ich letztendlich gelangen wollte. Eines Tages wachte ich auf und erkannte, dass das Leben nichts anderes ist als die Summe all unserer Entscheidungen – und meine Entscheidungen führten mich nicht zu dem Leben, das ich eigentlich zu führen hoffte. Wenn wir in unserem Leben Raum schaffen wollen für das, worin unser Funkeln liegt, dann sollten wir sorgfältig darüber nachdenken, wofür wir aktuell stattdessen unsere Zeit investieren.

Eines Abends, als ich mitten in der Überarbeitungsphase eines meiner Bücher steckte, traf Joe mich in der Küche an, wo ich ein umfangreiches Abendessen kochte. Ich seufzte verzweifelt bei dem Versuch, Zwiebeln anzubraten und gleichzeitig zwölf Gewürze in einer Schüssel zu mischen.

»Warum machst du das ausgerechnet heute?«, wollte Joe wissen. Er wunderte sich, dass ich nichts Einfacheres zubereitete oder ihn gebeten hatte, das Kochen zu übernehmen.

»Ich probiere doch so gern neue Rezepte aus!«, verteidigte ich mich.

Joe erwiderte nichts darauf und das war auch nicht nötig. Mir wurde selbst klar, dass es hier nicht darum ging, ob ich *gern* neue Rezepte ausprobierte. Die Frage war eher, ob es das wert war, meine Zeit so und nicht anders zu nutzen. Was wir kurzfristig gerne tun, steht oft nicht im Einklang mit dem, wovon wir langfristig träumen. Was bedeutete mir mehr – viele aufwendige Rezepte zu kennen oder ein Buch zu schreiben? Für jemand anderen wäre vielleicht Ersteres weitaus wichtiger. Für mich war es Letzteres. Ein Buchmanuskript fertigzustellen, war schon immer mein Traum gewesen. Doch wenn man mich bei dem beobachtete, was ich an einem durchschnittlichen Tag so alles machte, wäre man nie auf diese Idee gekommen.

Ich stellte also fest, dass ich vieles von dem, was ich gerne tun wollte, nicht würde tun können. Wenn ich bedachte, dass ich auch Mutter war und Verantwortung für meine kleinen Kinder trug, blieb mir nicht viel Zeit, um neben meiner Leidenschaft fürs Schreiben noch weitere Interessen zu verfolgen. Abgesehen vom Kochen gab es eine Menge anderes, was mir auch Spaß gemacht hätte: Zum Beispiel hätte ich gern Altnordisch gelernt (im Ernst!), mich wieder mit dem Programmieren befasst und Schminktutorials an mir getestet. Wenn ich aber ernsthaft etwas aus meinem Funkeln werden lassen wollte, musste ich akzeptieren, dass ich für all diese Dinge keine Kapazitäten haben würde, zumindest jetzt nicht.

Greg McKeown fordert uns alle dazu auf, »Essentialisten« zu werden, also Menschen, die ihre Mission kennen und sie gezielt verfolgen. In seinem Buch *Essentialismus* schreibt er: »Anstatt seine Wahl als Reaktion auf etwas zu treffen, unterscheidet der Essentialist die wenigen wesentlichen Dinge von den vielen belanglosen, eliminiert die unwesentlichen Dinge und räumt dann die Hindernisse aus dem Weg, sodass die wesentlichen Dinge ungehindert und reibungslos bewältigt werden können. Mit anderen Worten, der Essentialismus ist ein disziplinierter, systematischer Ansatz, mit dem wir festlegen, wie unser größtmöglicher Beitrag aussehen soll, damit wir dann die hierfür erforderlichen Aufgaben fast mühelos ausführen können.«[24]

Mir gefällt das. Und gleichzeitig kann ich es oft nur schwer in die Praxis umsetzen. Wenn mein Postfach überquillt mit Mails von Comedy-Tournee-Anfragen und mit Meeting-Terminen meiner Radio-Vorgesetzten, wenn meine Kinder mir ein schulisches Formular nach dem anderen aushändigen, sodass ich mich fragen muss, ob wir für einen spürbaren Prozentsatz des weltweiten Papierverbrauchs verantwortlich sind, dann verliere ich leicht die Orientierung. Ich höre Worte wie *die wenigen wesentlichen Dinge unterscheiden* oder *disziplinierter, systematischer Ansatz*, und ich glaube, meiner Muttersprache nicht mehr mächtig zu sein. Ich versuche meinen *größtmöglichen Beitrag* zu bestimmen, aber viel eher geht mir durch den Kopf: »Ich habe gerade meinen eigenen Namen auf dem Formular für die Klassenfahrt falsch geschrieben. Wahrscheinlich bin ich also noch nicht an dem Punkt angekommen.«

In solchen Momenten hilft es mir, den Pausenknopf meines Lebens zu drücken und wieder ein Gefühl für meinen Auftrag zu bekommen, sowohl für mich persönlich als auch innerhalb der Familie. Joe und ich berufen dann den Familienrat ein und bitten jedes Kind, uns zu sagen, welche oberste Priorität es im Moment hat. Wir ermutigen unsere Kinder, große Träume zu haben, wohin ihr Leben sich letztendlich entwickeln könnte. Wenn uns das nicht gelingt, weil sie sich gegenseitig von der Couch schubsen und alle einen Snack haben wollen, lassen wir sie erst mal wieder laufen und sprechen mit jedem Kind einzeln.

Joe und ich versuchen, uns von unseren kilometerlangen To-do-Listen zu lösen und wieder mit unserer jeweils eigenen Mission in Verbindung zu kommen. Wie können wir unser Funkeln genau jetzt leben? Welche Schritte sollte jeder von uns einzeln und sollten wir alle gemeinsam als Familie unternehmen, damit wir das Leben führen können, zu dem wir bestimmt sind? Was können wir aus unserem Terminkalender streichen, um Raum für das zu bekommen, was mehr unseren Werten entspricht?

Es ist eine einfache Übung, aber sie erzielt in der Regel große Erfolge. Ein Gespräch mit unserer Tochter fördert zum Beispiel zutage, dass sie den Tanzkurs, der zweimal pro Woche am anderen Ende der Stadt stattfindet, gar nicht so gerne mag. Joe merkt, dass er mit der Arbeit, die seinem Funkeln entspricht, nicht so richtig vorankommt, weil er durch ein Renovierungsprojekt an unserem Haus aufgehalten wird, das die viele Arbeit gar nicht wert ist, die er dort hineinsteckt. Ich selbst stelle fest, dass eine Verpflichtung, die anderen Leuten leichtfallen würde, mich komplett überfordert. Ich muss einen Weg finden, an der Stelle zu reduzieren.

Natürlich wird es in unserem Kalender immer Dinge geben, die nicht für Begeisterung sorgen und nichts mit unserem Funkeln zu tun haben. Offen gesagt wird dein Leben, wenn es meinem auch nur annähernd ähnlich ist, sich an den meisten Tagen wie ein nur schwer kontrollierbares Chaos anfühlen. Ich glaube, dass kein Mensch, der sich intensiv für etwas engagiert, unbedingt den Eindruck hat, ein völlig geordnetes Leben zu haben. Unser Ziel besteht nicht darin, jede Woche mit einem perfekten Terminkalender zu verbringen, der frei ist von allem, was uns nicht gefällt. Das Ziel lautet eher, ohne Furcht und gut informiert Entscheidungen zu treffen, sodass wir dem folgen können, wozu wir bestimmt sind, statt nur das zu tun, was den Meinungen anderer Menschen gerecht wird.

18. Du wirst nicht gern unterbrochen?!

Meine Liebessprache ist, in einem ruhigen Zimmer allein gelassen zu werden. Ich bin ein so introvertierter Typ, dass meine Kinder dachten, es wäre normal, ganz leise zu sein, wenn jemand an der Tür klingelt, damit es so aussieht, als sei niemand zu Hause. Das bedeutet nicht, dass ich Menschen nicht mag. Im Gegenteil, ich bin so gern mit ihnen zusammen, wie ein Astronaut ins All fliegt: Es ist die Art von spannender, schöner Erfahrung, die das Leben erst lebenswert macht, aber auch ein Höchstmaß an präzisem Timing und Planung erfordert, damit man nicht dabei draufgeht.

Als ich mein Funkeln zum ersten Mal entdeckte, dachte ich folglich, ich würde das Ganze in völliger Isolation betreiben. Ich stellte mir vor, wie ich mich an einem entfernten Ort verbarrikadierte und sich all die Inspiration, die ich brauchte, von allein einstellte. Ich hatte keine Ahnung, wie falsch diese Vision war. Unser Funkeln soll uns näher mit anderen Menschen zusammenbringen, und zwar nicht nur, wenn wir das Endergebnis mit anderen teilen, sondern auch schon während wir es erschaffen.

Du willst dein Funkeln entdecken? Dann zieh los!

Da ich also ein introvertierter Mensch bin, gefällt mir die Vorstellung vom einsamen Künstler, der sich an einen abgeschiedenen Ort zurückzieht, ein geniales Kunstwerk erschafft, es zu einer Galerie transportiert und dann auf einen Schlag überaus berühmt wird. Aber so funktioniert es nicht. Gute Kunst wird nie in einer Blase geschaffen.

Austin Kleon warnt in seinem Buch *Alles nur geklaut* vor dem Gedanken, Selbstisolierung würde den kreativen Funken entzünden: »Dein Hirn gewöhnt sich an das, was dich jeden Tag umgibt, es wird bequem. Du musst es ihm unbequem machen. Du musst einige Zeit in einem anderen Land verbringen, unter Menschen, die Dinge anders angehen als du. Reisen lässt dich die Welt mit anderen Augen sehen, und wenn die Welt anders aussieht, dann arbeitet dein Hirn stärker.«[25]

Selbst wenn die einzige Reise, die du unternehmen kannst, dich zum Frauenkreis deiner Schwiegermutter führt, tu es: Geh hin. Wie Kleon darlegt, wird das deine Routine durchbrechen und dein Gehirn dazu bewegen, neue Verknüpfungen anzulegen.

Für all jene, die so wie ich zu den Introvertierten gehören, scheint das ihrer Intuition zu widersprechen. Aber wenn du es mit deinem Funkeln ernst meinst, musst du dich mehr nach draußen begeben. Natürlich musst du deinen Kalender nicht mit Terminen überfrachten, die dich Energie kosten und runterziehen. Aber wenn wir uns ab und zu außerhalb der eigenen Komfortzone bewegen, lässt uns das als Person wachsen und hilft uns, unser Funkeln wirksamer einzusetzen. Besuch also die Jubiläumsfeier deiner ehemaligen Hochschule und führe dort mit einigen der anderen ernsthafte Unterhaltungen darüber, was in ihrem Leben gerade vor sich geht. Wenn du an der Eigentümerversammlung deines Wohnhauses teilnehmen musst, nutze die Zeit für sinnvolle Begegnungen mit den Menschen dort. Lade sie doch spontan hinterher zur Pizza bei dir zu Hause ein. Auch falls du bei solchen Vorschlägen nach Luft schnappst und Schwindelgefühle bekommst, kann ich dich nur ermutigen, hin und wieder an solchen Veranstaltungen teilzunehmen und zu schauen, was passiert.

An dem Wochenende, an dem ich mein erstes Buch zu schreiben begann, wollten Joe und ich zu einer großen Dinner-Veranstaltung. In letzter Minute versuchte ich einen Rückzieher zu machen. Wir hatten drei Kinder unter vier Jahren und ich war erschöpft. Außerdem wollte ich doch an dem Wochenende endlich mit meinem Projekt durchstarten und diese Veranstaltung raubte mir einen Teil der dafür vorgesehenen Zeit. Ich stellte mich schon auf einen wunderbaren Abend ganz allein vor meinem Bildschirm ein, als mir eine innere Stimme sagte, ich solle doch dort hingehen. Ich hatte sogar das Gefühl, es könne für meine Arbeit als Autorin gut sein.

Tatsächlich war es ein sehr schöner Abend. Wir trafen dort zufällig auf Freunde und genossen es, den Kontakt zu ihnen aufzufrischen. Als das Dinner begann, kam die Organisatorin an unseren Tisch, beugte sich zu mir herunter und flüsterte mir ins Ohr, sie müsse uns an andere Plätze setzen, es habe da leider eine Verwechslung gegeben. Dann führte sie uns zu einem Tisch, an dem wir niemanden kannten. Ich wandte mich meiner Sitznachbarin zu und stellte mich vor. Nachdem wir ein paar freundliche Worte gewechselt hatten, fragte ich sie, was sie beruflich mache. Und wie lautete die Antwort? Sie war Lektorin in einem großen Verlag, der sich genau auf die Art von Büchern spezialisiert hatte, die ich schrieb.

Wir blieben danach noch jahrelang in Kontakt und ihre Ratschläge waren für meine weitere Entwicklung als Autorin ungeheuer wertvoll. Obwohl es letztendlich nicht ihr Verlag war, der mein Buch herausbrachte, ist die Lektion, die ich daraus gelernt habe, klar: *Geh mehr raus. Das ist gut für dich, gut für andere Menschen und gut für dein Funkeln.*

Unterbrechungen gehören dazu

Einer der Gründe, warum wir uns isolieren wollen, wenn wir unser Funkeln aufleuchten lassen, ist die Furcht vor Unterbrechungen. Als jemand, der sich überaus stark auf die eigene Arbeit konzentriert und auf jede Ablenkung mit einem stillen Aufschrei reagiert, habe ich mit diesem Problem oft zu kämpfen, vor allem als Mutter. Wie kann ich das Chaos, das ein normaler Bestandteil meines Lebens ist, akzeptieren, ohne dass die Arbeit, zu der ich mich berufen fühle, entgleist? Darüber habe ich viel an einem erstaunlichen Ort gelernt: einem Benediktinerkloster im US-Bundesstaat Oregon.

Vor ein paar Jahren fuhr ich zum Kloster Mount Angel, um einen Verwandten von mir zu besuchen, Bruder Claude Lane, der dort als Mönch lebt. Er ist ein talentierter Ikonograf, und wenn man eines seiner lebhaften Kunstwerke gesehen hat, weiß man zweifellos, dass dies sein Funkeln zum Ausdruck bringt. Ikonen sind schon immer nicht nur als Kunstwerke verstanden worden, sondern als ein Mittel der Lehre. Das hat unter anderem damit zu tun, dass diese Kunstform in einer Zeit entstand, in der die meisten Leute nicht lesen und schreiben konnten. Tatsächlich sagt man, die Ikonen würden *geschrieben* statt gemalt. Wer Bruder Claudes Ikonen betrachtet, versteht das. Der Blick folgt den Formen der Figuren, so wie es beabsichtigt ist, und trifft auf Elemente, die reich an Symbolkraft sind. (Wenn du im Internet zum Beispiel nach Ikonen suchst, auf denen Maria und Jesus dargestellt sind, wirst du feststellen, dass alle Linien elegant auf das Christuskind hinweisen.)

Ich hatte immer gedacht, Bruder Claude könne tun, was er wolle, und zwar tagein, tagaus. Ich war ein bisschen neidisch, wenn ich daran dachte, wie oft ich von dem Versuch, meine eigene Arbeit zu tun, abgelenkt wurde. Dann aber besuchte ich ihn und gewann eine ganz neue Perspektive.

Wenn man Bruder Claudes Atelier betritt, findet man dort alles, was auf einen aktiven Künstler hindeutet: auf dem Tisch ausgebreitete Pinsel, halb ausgedrückte Farbtuben, Entwürfe, die sich neben Büchern über Malerei und Ikonografie stapeln. Das Fenster am Ende des Raumes eröffnet einen tollen Ausblick über die Berghänge der Kaskadenkette, zu der auch der außer Sichtweite liegende Mount Hood gehört. Die Mönche des Klosters versammeln sich sechsmal täglich zum Gebet. Wenn das Glockenläuten von der großen Kirche her durch Bruder Claudes Atelier schallt, um die Gebetszeit anzukündigen, muss er alles stehen und liegen lassen und sich dort hinbegeben. Es ist ganz egal, ob er sich gerade mitten in einer Arbeit befindet oder vor einem Moment die beste Idee aller Zeiten hatte. Wenn die Glocken läuten, muss er die Pinsel weglegen.

Gäste sind auch zu den Gebetszeiten der Mönche eingeladen und ich beschloss, mich ihnen anzuschließen. Eine ganze Woche lang lebte ich wie sie. Zu der Zeit arbeitete ich gerade an meinem ersten Buch und diese Erfahrung veränderte meinen Umgang mit den Unterbrechungen, die eintreten, während ich im »Funkelmodus« bin.

Lass Unterbrechungen so vorhersagbar wie möglich werden

Wenn Mütter über die Unterbrechungen in ihrem Leben sprechen, klingt es ein bisschen wie bei dem, was ich von Bruder Claude erzählt habe – nach dem Motto: *So wie ein Mönch von den Gebetsglocken unterbrochen wird, werde ich durch das Weinen meines Babys unterbrochen.* Der große Unterschied besteht jedoch darin, dass das Läuten der Glocken vorhersehbar ist. Wenn ich mitten im Entwurf für einen Comedy-Auftritt bin und mit anhören muss, wie die Kinder sich lautstark um ein Spielzeug streiten, dann ist meine Reaktion nicht unbedingt die einer sanftmütigen Nonne …

Da ich nun einmal in einer Vorstadt lebe und nicht in einem Bergkloster, werde ich meine Unterbrechungen nie so genau vorhersagen können wie Bruder Claude, aber es hilft, wenn ich versuche, sie wo weit wie möglich zu regeln. Nach meiner Reise zum Mount Angel achtete ich mehr darauf, dass ich mein Herzensprojekt möglichst ungestört angehen konnte. Wenn jemand mir eine Textnachricht schickte und chatten wollte oder wenn eines der

Kinder nach etwas Süßem fragte, lautete meine Antwort: »Gern, aber erst möchte ich meine Arbeit beenden.«

Nutze Unterbrechungen, um deine Gedanken neu zu ordnen

Wenn ich im Gästehaus die Gebetsglocken durch mein offenes Fenster hörte, schien es mir so gut wie jedes Mal, als würden sie einen genialen Gedankengang stören. Ich war überzeugt, gerade eine Sternstunde meiner Kreativität zu erleben, die durch die Unterbrechung komplett ruiniert würde. Vielleicht würde ich sogar niemals mein Funkeln in die Welt bringen können, weil all meine Inspiration durch diese doofe Gebetszeit zunichtegemacht wurde. (Jetzt weißt du, warum Gott mir keine Begabung für den geistlichen Dienst gegeben hat.) Doch wenn ich danach an meine Arbeit zurückkehrte, stellte ich fest, dass meine neue Idee nicht annähernd so toll war, wie ich es gedacht hatte. Aus meinem Trott auszubrechen und in den Anblick, die Klänge und die Düfte der Kirche einzutauchen, hatte eine Neuordnung meiner Gedanken bewirkt. Alles, was in meinem Kopf herumgeschwirrt war, schien aufgeräumter. Nach der Unterbrechung, die mir zuerst so ungelegen gekommen war, saß ich jetzt mit neuem Fokus an meinem Laptop.

Was ich damals noch nicht wusste: Wissenschaftler haben nachgewiesen, dass Unannehmlichkeiten unser Gehirn aufwecken. Sie lassen uns kreativer werden – nicht nur im künstlerischen Bereich, sondern auch in dem Sinne, dass wir über unsere üblichen Bahnen hinausdenken, wenn wir Probleme zu lösen haben. In der Zeitschrift *Psychology Today* wurde eine Studie beschrieben, die aufzeigt, dass »jede Lebenserfahrung, sei sie traumatisch oder freudvoll, insofern zu Flexibilität und Kreativität führen kann, als sie unsere Erfahrungen vielfältiger werden lässt und uns aus unseren normalen Denkmustern hinausbefördert«.[26] Die Forschenden hatten die Teilnehmenden ihrer Studie mit Virtual-Reality-Brillen eine Cafeteria durchqueren lassen. Bei einigen gestaltete sich alles völlig normal. Was sie sahen und hörten, entsprach dem, was sie erwartet hatten. Die andere Gruppe dagegen sah seltsame Dinge, wie zum Beispiel einen Koffer, der immer kleiner wurde, wenn man sich ihm näherte. Die Teilnehmenden, die unerwartete Erfahrungen gemacht hatten, schnitten in einem späteren Test, in dem ihre kognitive Flexibilität geprüft wurde, erheblich besser ab.

Der Autor des Artikels schlägt vor: Um in der eigenen, wie auch immer gearteten Arbeit kreativer zu werden, sollte man seine Routine verändern: »Schreiben Sie mit der anderen Hand. Gehen Sie auf dem Weg zur Arbeit rückwärts. Probieren Sie in der Mittagspause ein neues Gericht aus. Lächeln Sie fremde Menschen an.«[27] Das sind zwar gute Vorschläge, aber ich halte solche außergewöhnlichen Maßnahmen gar nicht für nötig. Meiner Meinung nach wird mein Denken durch die Unterbrechungen, die normaler Bestandteil meines Alltags sind, schon genug angeregt. Ich brauche nicht rückwärts ins Büro zu marschieren.

Unterbrechungen helfen dir, dein Ziel im Blick zu behalten

Mich nach den Gebetszeiten der Mönche zu richten, wurde beinahe zur Wunderkur für meinen Hang zu Ablenkungen. Durch die täglichen sechs Versammlungen und die drei gemeinsamen Mahlzeiten schien es mir, als würde ich ständig in meiner Arbeit unterbrochen. An meinem zweiten Tag hatte ich mich nach dem Mittagsgebet gerade an den Schreibtisch gesetzt, als mir klar wurde, dass mir nur vierzig Minuten bis zum Essen blieben. Zuerst nervte mich das. Dann aber wurde mir klar, dass selbst an einem völlig terminfreien Nachmittag vierzig Minuten konzentrierten Durchschreibens schon eine Leistung wären. Ich würde ein paar

Sätze tippen und dann hängen bleiben. Mit dem Gefühl, noch unendlich viel Zeit vor mir zu haben, würde ich anfangen, alles Mögliche andere zu tun. Ich würde »schnell mal meinen Twitter-Account checken« und eine Stunde später immer noch über die Retweets lachen. Ich würde mir noch schnell den Status einer Freundin anschauen und hätte plötzlich schon acht Absätze von dem Wikipedia-Eintrag über die von ihr besuchte Stadt gelesen.

Nun, wo ich aber wusste, dass mir definitiv eine Unterbrechung bevorstand, passierte nichts von alledem.

Ich ließ mich auf einen Stuhl in der Lounge des Gästehauses fallen, öffnete meinen Laptop und tippte wie eine Wilde. Keine sozialen Netzwerke. Keine Mails. Ich geriet noch nicht einmal in Versuchung. Mein Handy hatte ich abgeschaltet und unter meinen Stuhl gelegt. Am letzten Tag zählte ich, wie viele Wörter ich geschrieben hatte. Erstaunt stellte ich fest, dass es doppelt so viele – an manchen Tagen sogar dreimal so viele – gewesen waren wie sonst. Zu Hause übernahm Joe manchmal die Aufgaben im Haus, damit ich einen ganzen Tag lang schreiben konnte. An solchen Tagen schaffte ich weitaus weniger als in der Zeit, in der ich nach dem Tagesablauf der Mönche gelebt hatte.

Nach den Brotlaiben Ausschau halten

Um das noch einmal zusammenzufassen: Es ist wichtig, die eigene Zeit zu schützen und konsequent Prioritäten zu setzen. Unser Kalender sollte so viele erfreuliche Termine wie möglich enthalten. Aber wir sollten dennoch nicht vergessen, dass das Ziel all dessen nicht darin besteht, alle Menschen aus unserem Leben fernzuhalten oder die perfekte Kontrolle darüber zu behalten, wann wir mit jemandem in Kontakt kommen wollen und wann nicht. Das Ziel ist vielmehr, unser Leben bewusst mit anderen zu teilen, und nicht, genau das völlig zu vermeiden.

Uns für andere Menschen zu öffnen, wird uns in ein reicheres, erfüllteres Leben führen. Aber es wird auch eine Menge Unterbrechungen bedeuten. Immer wird jemand etwas von uns brauchen, und das zu den scheinbar unpassendsten Zeiten. Auch wenn wir gut planen und Grenzen setzen, werden die Bedürfnisse anderer unsere Pläne oft durchkreuzen. Ich glaube, das ist ein Zeichen dafür, dass wir alles richtig machen.

Unser Weltbild ist sehr, sehr individualistisch und unterscheidet sich darin stark von dem anderer Kulturen. Wir neigen dazu zu glauben, der Schlüssel zum Glück sei es, frei von der »Bürde« der Bedürfnisse anderer Menschen zu sein, damit wir ohne Einschränkungen unser persönliches Glück verfolgen können. Mein Vater wuchs in Mexiko auf und immer, wenn wir dort Freunde besuchen, empfinde ich ihre Lebensauffassung als sehr bemerkenswert. Die Gelegenheit zum Kontakt mit einer Person, die man liebt, wird immer als Segen betrachtet. Andere Menschen werden auch spontan immer willkommen geheißen, und zwar viel offener und selbstverständlicher als dort, wo ich herkomme.

Von Natur aus bin ich das exakte Gegenteil meiner mexikanischen Verwandten und Bekannten. Ich bin ein Einzelkind, dessen Eltern auch Einzelkinder waren; vielleicht liegt mir das individualistische Denken unter anderem deshalb nahe. Ich wuchs in einer ruhigen, überwachten Umgebung auf und werde leicht ärgerlich, wenn meine Pläne durcheinandergebracht werden. Vor diesem Hintergrund ist es nur logisch, dass ich meinte, auch über mein Funkeln die volle Kontrolle haben zu müssen. Seit ich aber in einem Haus voller Kleinkinder und einer ständig wachsenden Anzahl von Haustieren lebe, hat sich meine Sicht verändert.

Es mag aus dem Mund einer sechsfachen Mutter überraschend klingen, aber ich bekam neben der Freude auch jedes Mal kurzzeitig Panik, wenn ich einen positiven Schwangerschaftstest in der Hand hielt. Die Gründe waren vielfältig, aber die Angst, die mich am tiefsten packte, war, was aus meinem Funkeln werden sollte, wenn ich ein weiteres Kind bekam.

Rückblickend hört es sich dumm an, aber damals bohrte sich

die Frage tief und erschreckend in meine Seele hinein: *Was, wenn dies das Ende meiner schriftstellerischen Tätigkeit bedeutet?*

Ich erinnere mich noch, wie es war, als meine Arbeit endlich eine gewisse Zugkraft entwickelte. Gerade hatte ich einen Meilenstein erreicht: Zum ersten Mal schien mein Lebenstraum, ein Buch zu veröffentlichen, in greifbare Nähe gerückt zu sein. Dann fand ich heraus, dass ich schwanger war. Ich liebte jedes meiner Kinder und dieses ungeborene genauso. Aber es wäre gelogen zu sagen, ich hätte nicht voller Verzweiflung darüber nachgedacht, was das für meine Arbeit bedeutete. Der Gedanke, die sich mir bietende Chance zu verpassen, raubte mir allen Mut.

Nachdem ich ein paar Tage mit unnötigem Problemwälzen verbracht hatte, riss ich mich zusammen und ging wieder an die Arbeit. Ich holte meinen Kalender heraus und plante meine Termine angesichts der veränderten Situation neu. Die Schwangerschaft verschob meine Ziele etwas weiter in die Zukunft, aber es stellte sich heraus, dass gerade das meiner Arbeit guttat. Während der Phase morgendlicher Übelkeit konnte ich nicht so viel schreiben; also las ich Schreibratgeber, was besser ging. Dadurch lernte ich sehr viel. Als mein Werk dann endlich veröffentlicht werden sollte, wurde es von einer Lektorin betreut, die mich schätzte und später zu meiner Mentorin wurde. Sie hatte den Job erst wenige Wochen, bevor ich mein Manuskript einreichte, angenommen. Wenn meine Schwangerschaft meinen Zeitplan nicht beeinflusst hätte, dann hätte ich schon Monate vor ihrem Arbeitsbeginn Kontakt zu ihrem Verlag aufgenommen und wäre wahrscheinlich abgelehnt worden.

Eine Großmutter, die auch eine große Familie hatte und sich in ihrem Leben durch Zeiten der Armut hatte hindurchkämpfen müssen, sagte mir einmal, es habe früher in Italien das Sprichwort gegeben: »Jedes Kind kommt mit einem Laib Brot unterm Arm.« Es bezog sich auf das unerklärliche Phänomen, dass Familien oft unverhofften Segen erleben, wenn ein weiteres Kind dazukommt. Obwohl ich es mir theologisch nicht erklären kann, stimmt das mit meiner eigenen Erfahrung überein. Ich habe sogar herausgefunden, dass es auch ganz allgemein gilt: *Jeder Mensch,* den wir in unser Leben hineinlassen, kommt mit einem Laib Brot unterm Arm.

Wenn du dich auf echte Bindungen zu anderen einlässt, auch wenn sie dich manchmal unterbrechen oder dich verärgern, dann kann das wundervolle Folgen haben. Damit möchte ich nicht sagen, dass du unter allen Umständen zulassen musst, dass irgendwelche Leute deine Zeit in Anspruch nehmen. Ich beziehe mich auf die Menschen, die dazu bestimmt scheinen, in dein Leben zu treten, und mit denen sich gesunde, wertvolle Beziehungen entwickeln. Halt nicht an dem Gedanken fest, dass sie dich von deinem Funkeln abhalten könnten. Lass sie herein. Lass zu, dass sie dein Leben durcheinanderbringen. Lass dich von ihnen ab und zu stören. Und dann beobachte, wie viel besser alles wird – auch deine Arbeit.

19. Du findest immer einen Hoffnungsschimmer

Es gibt Zeiten, da befinden wir uns in einer schwierigen Situation, in der wir keine Möglichkeiten für unser Funkeln sehen und selbst auch nichts an der Lage ändern können. Vielleicht geht deine Ehe gerade in die Brüche. Oder du musst für deine alt gewordenen Eltern sorgen. Oder du arbeitest in zwei Jobs und hasst sie beide. Was dann?

Gerade in solchen Phasen hat mein Funkeln mir oft geholfen, bei klarem Verstand zu bleiben. Ein Beispiel: Meine Blutgerinnungsstörung bereitete mir das zusätzliche Vergnügen einer Venenthrombose im Bein, die extreme chronische Schmerzen verursachte. Die Ärzte konnten sie nicht aggressiv behandeln, weil ich schwanger war, also musste ich sie durchleiden. Solange ich mein Bein nicht senkrecht in die Luft streckte, sondern es in eine andere Position bewegte, durchbohrte mich ein explosionsartiger Schmerz, der so schlimm war, dass mir schwarz vor Augen wurde. Selbst wenn ich mich überhaupt nicht bewegte, tat es weh. Das ging wochenlang so und ich konnte nichts dagegen tun. Mittlerweile war ich im achten Monat schwanger und hatte keine Ahnung, wie ich in dieser Situation mein Funkeln einsetzen sollte. Das einzig Gute, was ich gerade für die Welt tun konnte, war, mich zu beherrschen und nicht jeden anzuschreien, der mir über den Weg lief.

Doch in Wahrheit gibt es immer, selbst in den schwierigsten Umständen, einen Weg, wie wir das, wofür wir brennen, zum Leuchten bringen können, und sei es ein noch so kleines Funkeln. Angenommen, du bist ein Outdoorfan. Du träumst davon, ein Start-up für geführte Wandertouren zu gründen, aber im

Moment hast du einen Bürojob und musst dich gezwungenermaßen ständig drinnen aufhalten. Wie wäre es da mit einem ersten kleinen Schritt, der dich deiner Vision näher bringt? Richte eine Pinterest-Pinnwand ein, auf der du Bilder sammelst, die dich inspirieren. Plane ein paar Wanderausflüge pro Jahr mit Freunden, damit du etwas im Kalender stehen hast, auf das du dich freuen kannst. Verbreite auf Social Media, dass du gerne Menschen beraten würdest, die einen Camping-Trip vor sich haben, damit sie gut vorbereitet sind.

Es könnte natürlich auch sein, dass deine Situation extremer ist. Du befindest dich in einer Krise, in der es absolut keinen Weg gibt, deine Gaben einzusetzen. Du hast eine Leidenschaft fürs Klavierspielen, aber dein Leben ist aus den Fugen geraten und du liegst erschöpft auf dem Sofa einer Freundin, bei der du vorübergehend wohnst, und es ist kein Klavier in Reichweite. Was nun?

Ich glaube, dass es möglich ist, in einem solchen Tief ein verborgenes Funkeln zu entdecken – manchmal sogar im Zusammenhang mit etwas außerhalb des Bereichs unserer sonstigen Begabungen. Es ist, als ob man ein Feuer ohne Feuerzeug anzünden will. Man muss es ein Dutzend Mal probieren, bis endlich ein Funke entsteht. Doch ich bin überzeugt, dass du selbst mitten in deiner düsteren Lebenslage so etwas finden kannst, wenn du hartnäckig danach suchst.

Ein äußerst inspirierendes Vorbild fand ich in einem meiner Lieblingsbücher: *Mit Gott im Gulag*. Darin erzählt der amerikanische Priester Pater Walter Ciszek, der sich während des Zweiten Weltkriegs nach Russland begab, seine Geschichte. Sein Funkeln zeigte sich im geistlichen Dienst und sein Vorhaben, vor Ort die Botschaft des Evangeliums zu verbreiten, brachte ihn in große Schwierigkeiten. Die Russen hielten ihn für einen Spion des Vatikans und verhafteten ihn. Er kam in dem berüchtigten Lubjanka-Gefängnis in Einzelhaft. Dort verbrachte er fünf Jahre in einer Einzelzelle. Dann wurde er in ein Arbeitslager nach Sibirien geschickt, wo er fast zehn Jahre bleiben musste. Solche Lebensumstände lassen nicht viel Spielraum für die eigenen Begabungen. Pater Walter traf jedoch die mutige Entscheidung, genau dort, wo er war, etwas Neues zu finden, was die Trostlosigkeit vertreiben konnte.

Während seiner scheinbar endlosen, einsamen Zeit im Gefängnis widmete er sich dem Gebet. Als Christ war er überzeugt, dass es eine reale, starke Kraft besitzt, und so erklärte er dies zu seiner Mission. Er tat es sehr zielgerichtet und konsequent: Morgens bemühte er sich wahrzunehmen, wen Gott ihn an diesem Tag aufs Herz legte. Dann verbrachte er die restlichen Stunden damit, an Menschen überall auf der Welt zu denken, die sich in verschiedenen Situationen befanden und Fürbitte nötig hatten. Ja, er betete sogar regelmäßig für seine Wärter und das übrige Gefängnispersonal.

Als er nach Sibirien gebracht wurde, musste er unter unerträglichen Bedingungen leben. Die Baracken waren nicht isoliert und so fegten die tödlich kalten Winde ungehindert durch das ganze Quartier. Da die Wärter wussten, dass er den anderen Gefangenen Seelsorge anbot, bestraften sie ihn, indem sie seine Essensrationen kürzten und ihn besonders hart arbeiten ließen. Beim Verlegen von Eisenbahnschienen und beim Kohleschaufeln zwangen sie ihn, länger als alle anderen zu schuften, damit er weniger Kraft für seinen geistlichen Dienst hatte. Doch mitten in dieser entwürdigenden Arbeit, als er Bahnschienen mitten in der russischen Tundra legen musste, fand er tief in seinem Inneren ein kleines Funkeln. Er schreibt:

Ich erfüllte jede Aufgabe, so gut ich konnte. Ich arbeitete jeden Tag bis an die Grenze meiner Kraft und tat so viel, wie meine Gesundheit und Ausdauer zuließen. […] Die Arbeit war kein Fluch, nicht einmal die brutale Routinearbeit, die ich tat, sondern ein Weg zu Gott, und vielleicht sogar ein Weg, auch andere auf den Weg zu Gott zu führen. […] Die Leute, die von meiner Arbeit profitieren würden, wären menschliche Wesen, nichts anderes. Familien, die bei dem arktischen Klima von

Norilsk Unterkunft brauchten, oder Leute von weit her, die ein besseres Leben haben würden durch die natürlichen Ressourcen, die aus dem gefrorenen Boden freizusetzen ich geholfen hatte, oder mit Hilfe der in den Fabriken hergestellten Materialien, die zu bauen ich geholfen hatte.[28]

Die anderen Gefangenen ächzten unter der Arbeit und erledigten nur das Minimum. Verständlicherweise hassten sie ihre Situation und sie ließen sich von diesem Hass verzehren. Sie kehrten sich nach innen und gerieten in eine Abwärtsspirale aus Schmerz und Verzweiflung. Pater Walter aber war einer der wenigen, die diesem Schicksal entgingen. Während des Kohleschaufelns und Schienenlegens bei Minustemperaturen und eiskalten Sturmböen brachte er ein Funkeln auf. Er verwandelte die harte Arbeit in Liebe und in einen Dienst für andere. Als Mann des Glaubens beschloss er, dies als einen von Gott gegebenen Auftrag zu betrachten. Immer wenn er anfing, sich auf den quälenden Hunger oder seine schmerzenden Hände zu fixieren, lenkte er seine Gedanken auf die Familie, die eines Tages über diese Eisenbahnschienen fahren würde, oder auf die Witwe, die ihr Heim dank der Kohlen würde heizen können, die er schaufelte. Sicherlich hätte er selbst nie die Entscheidung getroffen, seine Zeit auf diese Weise zu verbringen. Doch weil er keine andere Wahl hatte, rang er dieser Arbeit ein Funkeln ab.

Pater Walters Einstellung erwies sich als ansteckend. Die anderen Gefangenen konnten nicht verstehen, wie und warum dieser Priester so von Freude erfüllt war, aber es schenkte ihnen dennoch ein wenig Hoffnung. Das, was in uns brennt, verleiht nicht nur uns die Kraft durchzuhalten, sondern verbreitet auch Wärme bei all den Menschen in unserer Umgebung.

In miserablen Situationen bist du in den meisten Fällen nicht allein. In einem Job, der für dich eine Sackgasse darstellt, gibt es beispielsweise meistens noch andere im Team, die ebenfalls unzufrieden sind. Dasselbe gilt für viele weitere Kontexte.

Wenn du dich dafür entscheidest, mitten in deiner Not ein Funkeln zutage zu fördern – wenn du dich selbst dazu bringst, etwas zu finden, in das du während dieser schweren Tage dein Herz hineinlegen kannst –, dann hilft das nicht nur dir. Es bringt Licht, Liebe und einen Funken Hoffnung in das Leben derer, die genau wie du in dieser Situation gefangen sind.

Ich persönlich habe das besonders damals erlebt, als ich die Venenthrombose hatte. Der Schmerz quälte mich in jedem wachen Moment und so fühlte ich mich permanent erschöpft. Weil ich körperlich so stark eingeschränkt war, verbrachte ich die meiste Zeit alleine in meinem Schlafzimmer, ohne mich mit dem beschäftigen zu können, worin sich mein Funkeln zeigte. Bis mir eines Tages der Gedanke kam, dass es vielleicht gut für mich wäre, trotz allem etwas zu tun, was ich gerne machte, um anderen etwas zurückzugeben. Ich betete und flehte Gott an, mir einen kleinen Auftrag zu geben, der mich von meiner schwierigen Situation ablenkte. Und plötzlich hatte ich eine Idee.

Ich folgte vielen Blogs und stöberte dort immer gern nach interessanten Beiträgen. Nachdem ich das Gebet gesprochen hatte, fiel mir ein, dass ich womöglich diese Gewohnheit in etwas verwandeln könnte, was anderen half. Ich nahm meinen Laptop und schrieb anderen Bloggenden ermutigende Kommentare. Ich formulierte sie sorgfältig und widmete mich dieser Aufgabe mit meiner ganzen Leidenschaft als Autorin. Der Verfasserin eines Posts teilte ich mit, wie begeistert ich sei, weil sie ein kompliziertes Thema so gut aufbereitet hatte. Einem Blogger erzählte ich, dass ich seine Texte sehr witzig gefunden hätte und er unbedingt noch mehr Humorvolles schreiben sollte. Ich nahm mir vor, eine bestimmte Anzahl an bestärkenden Kommentaren pro Tag abzugeben. Sie sollten so detailliert und kraftvoll wie möglich sein und keine allgemeinen Aussagen wie »Das hast du gut gemacht« enthalten. Manchmal war ich so vertieft, dass ich meine Schmerzen beinahe vergaß.

Wie so oft, wenn es um unser Funkeln geht, waren die Auswirkungen größer, als ich es mir hätte vorstellen können. Ein Blogger schrieb mir privat, er sei so entmutigt gewesen, dass er kurz davorstand aufzuhören, aber meine Worte hätten ihn dazu gebracht weiterzumachen. Eine Frau berichtete mir, sie befinde sich mitten in einem Scheidungskrieg und habe beim Lesen meines Kommentars Freudentränen geweint, weil sie sich gerade an jenem Tag so sehr nach einem freundlichen Wort gesehnt habe.

Wenn du ein Funkeln zum Leuchten bringst, selbst unter unmöglich erscheinenden Umständen, weißt du nie, wohin dich das führen wird. Aber eines wird auf jeden Fall passieren: Du wirst anderen Menschen zum Segen werden. Selbst wenn du es zu dem Zeitpunkt noch nicht erkennst, wirst du der Welt doch ein wenig mehr Liebe gegeben haben, als sie vorher hatte. Und wenn deine Erfahrung auch nur annähernd meiner entspricht, wirst du feststellen, dass etwas Neues in dein Leben hineinkommt: Hoffnung. Liebe und Hoffnung gehen Hand in Hand. Wo die eine ist, da ist auch die andere. Weil du durch dein Funkeln Liebe in die Welt bringst, wirst du wahrscheinlich bald bemerken, dass du neue Kraft bekommst, um deine Situation zu verändern. Auch dann, wenn du so wie ich bei meiner Thrombose nichts an den Umständen selbst ändern kannst, so wirst du zumindest die Hoffnung haben, dass es eines Tages besser wird – und selbst ein kleines Fünkchen Hoffnung kann den großen Unterschied machen.

20. Du kannst dein Funkeln mit deiner Familie teilen

Kürzlich unterhielt ich mich mit dem Singer-Songwriter Michael James Mette, als er zu einem Radiointerview bei mir im Studio saß. Seine Frau Michelle war auch dabei, worüber ich mich besonders freute, denn es gab eine Frage, die ich den beiden gemeinsam stellen wollte: Wie seid ihr zu dem Leben gekommen, das ihr jetzt führt?

Die Mettes sind ebenfalls eine Großfamilie. Sie reisen in einem Bus durchs Land, geben Konzerte und begleiten christliche Freizeiten. Michael ist zwar derjenige, der singt, aber die ganze Familie ist in diese Veranstaltungen eingebunden. Sie alle haben dadurch das Gefühl, auf gemeinsamer Mission zu sein.

»Wie seid ihr als Eltern mehrerer kleiner Kinder zu dem Schluss gekommen, dass das eure Art zu leben sein soll? Habt ihr schon immer gewusst, dass ihr das mal machen wollt?«, fragte ich die beiden also.

Zur Erklärung gaben Michael und Michelle mir Einblicke in eine Phase ihres Lebens, die schon ein paar Jahre zurücklag. Michael hatte mit seinen Liedern einen gewissen Bekanntheitsgrad erreicht und bekam Anfragen für Veranstaltungen im ganzen Land. Wie jeder in der Musikbranche Tätige weiß, ist ein Leben, in dem man so viel unterwegs ist, hart und führt oft zu psychischen und finanziellen Belastungen. Manchmal war Michael tage- oder wochenlang nicht zu Hause, was bedeutete, dass Michelle sich allein um die Babys und Kleinkinder kümmern musste. Es war eine Zerreißprobe.

In solchen Phasen geben viele Menschen ihren Traum auf. Für manche mag es sogar die richtige Entscheidung sein, ihr Funkeln für eine Weile auf andere Weise zu leben. Aber etwas sagte Michael, dass er weitermachen sollte, auch jetzt, und dass es trotzdem möglich sei, ein guter Ehemann und Vater zu sein.

Eines Tages rief er Michelle von unterwegs an und fragte: »Wie wär's, wenn wir *zusammen* durchs Land reisen?«

Michelle sagte sofort Ja. Sie kauften sich einen gebrauchten Wohnwagen, renovierten ihn und zogen dort ein.

Während sie mir von ihrem aktuellen Leben erzählten, strahlten die beiden. Michelle unterrichtet die Kinder im Wohnwagen, während Michael fährt, oder sie halten auf einem Supermarktparkplatz und Michael übernimmt eine Unterrichtsstunde, während Michelle einkaufen geht. Die beiden gehören zu den glücklichsten, zufriedensten Menschen, die ich in den letzten Jahren kennengelernt habe. Ihre Kinder lieben das Abenteuer des Herumreisens und haben Möglichkeiten entdeckt, wie sie ihr jeweils eigenes Funkeln bei den Veranstaltungen zum Einsatz bringen können.

Wenn man sich ihre Geschichte genauer anschaut, merkt man: Alles begann damit, dass Michael sein *Warum* kannte. Wie wichtig das ist, wird in dem beliebten Vortrag zum Thema »Wie gute Leitung zum Handeln inspiriert« von Simon Sinek deutlich. Darin erklärt Sinek, dass wir »mit dem *Warum* anfangen« müssen, wenn wir andere mit unseren Ideen beflügeln wollen.[29] Auch wenn der Vortrag sich an Führungskräfte in der Geschäftswelt richtet, erklärt Sinek darin ein universales Faktum der menschlichen Natur: Menschen begeistern sich für eine Idee, wenn sie das Warum dahinter verstanden haben. Er führt den Apple-Konzern als Beispiel an. Die Konkurrenz warb mit dem Was: »Wir machen gute Computer.« Apple aber übernahm die Führung, weil sie das Warum vermittelten: »Wir fordern den Status quo heraus, indem wir unsere Produkte schön, einfach zu verwenden und benutzerfreundlich gestalten. Und dabei kommen ganz einfach hervorragende Computer heraus.« Dann weist Sinek darauf hin, dass Martin Luther Kings berühmte Rede lautete: »Ich habe einen Traum.« Und nicht: »Ich habe einen Plan.«

Wenn es uns nicht gut geht und wir in unserem Leben etwas verändern möchten, beklagen wir uns, sofern wir verheiratet oder in einer Beziehung sind, gern bei unserer besseren Hälfte und reden dabei über das *Was*.

»Ich hasse meinen Job. Ich wünschte, ich könnte mich hauptberuflich der Musik widmen.« Das ist zwar ein Anfang, aber wie man bei Familie Mette sehen kann, ist es unwahrscheinlich, dass sich der andere mit der Vision identifizieren kann, wenn er das Warum nicht verstanden hat. Als Michael seine Frau Michelle anrief, blieb er nicht bei seinem Frust stehen. Er hatte eine ganz bestimmte Veränderung im Kopf und erklärte seiner Familie das mitreißende, spannende Warum: Sie könnten sich gemeinsam auf eine große Abenteuerreise begeben und mit ihren fröhlichen, inspirierenden Veranstaltungen anderen Menschen Gutes tun.

Es kann sein, dass der wichtigste Mensch in deinem Leben nicht so abenteuerlustig ist wie Michelle. Um ehrlich zu sein, kenne ich nicht viele Leute, die es sofort für eine gute Idee halten würden, mit ihren Kindern in einem Wohnwagen die Welt zu bereisen oder die diesen Lebensstil überhaupt je in Erwägung ziehen würden.

Je nach Temperament wird sich dein Herzensmensch vielleicht eher langsamer mit deiner Vision anfreunden. Wenn ich Joe vor zehn Jahren vorgeschlagen hätte, eine Stand-up-Comedy-Tournee durch ganz Amerika zu unternehmen, wäre er ohnmächtig geworden. Erst nachdem wir über die Jahre immer wieder kleine, wohlkalkulierte Risiken in Kauf genommen hatten, um unserem Funkeln zu folgen, war er bereit, den Sprung zu größeren, gewagteren Ideen zu machen.

Es kann gut sein, dass dein Traum nicht gleich auf Gegenliebe stößt. Darum ist es umso wichtiger, dein *Warum* zu kommunizieren. Letztes Jahr wollte Joe einen Segelschein machen, was schon lange auf seiner Bucket List stand. Das war eine Aktion, die ich nicht mit ihm gemeinsam in Angriff nehmen konnte, neben dem finanziellen Aspekt allein schon aus dem Grund, dass wir nicht beide so lange weg sein konnten. Ehrlich gesagt konnte ich diesen Wunsch nicht so ganz verstehen. Wir leben mitten in Texas, wo man keine besondere Zulassung braucht, um auf dem nächstgelegenen See herumzugondeln. Und dieser ist je nach Niederschlagsmengen manchmal nicht mehr als ein großer Teich. Ich sagte Joe, dass ich ihn gern bei allem unterstützen wollte, was er vorhatte, aber es war auch klar, dass es mir nicht leichtfiel, mich für diese Idee zu begeistern. Dann aber saßen wir eines Abends auf der Veranda hinter unserem Haus, wohin wir des Öfteren dem drinnen herrschenden Chaos entfliehen, und Joe erklärte mir sein *Warum*.

»Ich habe immer davon geträumt, egal, wo ich hinkomme, ein Boot mieten zu können«, sagte er. »Es wäre so cool zu wissen, dass ich nach Griechenland reisen und dort ein Boot chartern könnte; dass ich die nötigen Kenntnisse und Scheine hätte, um die Inseln zu umsegeln. Ich weiß, das wird in nächster Zeit nicht passieren. Aber es wäre so schön, davon zu träumen und zu wissen, dass ich es eines Tages könnte.«

In diesem Moment wuchs in mir eine Begeisterung für diese Sache, die fast noch größer war als Joes eigene. Ich erinnerte ihn daran, sich für den Kurs anzumelden, und organisierte meinen Terminplan so, dass er seinen Traum früher verwirklichen konnte. Wie es mit Funkelangelegenheiten so ist, breitete sich die Energie, die das Vorhaben in sein Leben brachte, in unserer ganzen Familie aus. Inzwischen hat Joe die Segelprüfung abgelegt und wir verbringen unsere Eheabende gelegentlich damit, davon zu träumen, welche Gewässer wir in Zukunft unsicher machen könnten. Sei also nicht überrascht, wenn du irgendwann erfährst, dass Joe die Kinder und mich dazu überredet hat, auf einem Boot zu leben. Solche verrückten Dinge passieren eben, wenn man sein *Warum* kennt.

»Aber ich kann nicht – ich habe Kinder.«

Ich bewege mich in Kreisen von Leuten, die äußerst kreativ sind, aber schlecht in Familienplanung, also sind wir, wenn man so will, Künstlertypen mit großen Familien. Würdest du zu einer Party zu meinen Freunden und mir kommen (ganz im Ernst, wir würden uns freuen!), dann wirst du dort Eltern treffen, die Wein und selbst gebrautes Bier trinken, über Thomas von Aquin und Flannery O'Connor sprechen und dabei Babys auf dem Arm halten, während Horden von Kindern lachend um sie herumtoben. Sie gehören zu den glücklichsten Menschen, die ich kenne. Sie sind nicht die Reichsten, aber zufrieden. Keinem von ihnen ist sein erfülltes Leben einfach so in den Schoß gefallen. Irgendwann mussten sie alle eine Entscheidung treffen: Entweder benutzten sie ihr Elternsein als Ausrede für ihren Stillstand oder sie kämpften um ein Leben, von dem sie begeistert waren.

Eine der Frauen, für die das gilt, ist meine Freundin Haley Stewart, eine lebenslustige Person mit Tattoos und pink gefärbten Haaren. Vor ein paar Jahren steckte ihr Mann Daniel in einem Job fest, den er furchtbar fand. Sie lebten ein typisches Vorstadtleben, das für eine andere Familie ganz schön gewesen wäre, für sie als Freigeister jedoch nicht schlimmer hätte sein können. Daniel träumte davon, alles hinter sich zu lassen und auf einer Farm zu leben. Aber er war zu der Zeit der Alleinverdiener und sie hatten drei kleine Kinder. Wenn man eine Umfrage gestartet hätte, dann hätten bestimmt 99 von 100 Leuten ihm geraten, an seinem Job festzuhalten und seinen Farmertraum zu begraben. Er versuchte, das Ganze zu vergessen, aber der Gedanke, dass hier etwas darauf wartete, zum Funkeln gebracht zu werden, verschwand nicht.

Schließlich sprach er mit Haley und erklärte ihr sein *Warum*. Er fand eine landwirtschaftliche Kooperative, wo er ein zweijähriges Praktikum ableisten konnte. Er bat seine Frau, sich ein Leben vorzustellen, in dem die Kinder die meiste Zeit draußen verbringen würden, sie zu jeder Mahlzeit frische, selbst angebaute Nahrungsmittel hätten und insgesamt ein langsameres Lebenstempo, das es ihnen ermöglichen würde, mehr Zeit miteinander zu verbringen. Sie würden nicht viel Geld verdienen, aber die Kosten für Essen und Unterkunft wären abgedeckt. Haley malte es sich aus. Sie sagte Ja.

Sie zogen also auf eine Farm und Daniels Leidenschaft für die Landwirtschaft blühte auf. Inzwischen hatte Haley auch ihr Funkeln entdeckt. Sie hatte immer gern Texte geschrieben und nun lieferte ihr abenteuerliches Farmleben ihr genug Stoff, den sie verarbeiten konnte. Daniels Tagesablauf ermöglichte es ihm, mehr zu Hause zu sein, und so verschaffte er Haley Freiräume, damit sie genug Zeit für ihren Blog hatte. Die Entscheidungen, die sie als Familie getroffen hatten, faszinierten auch andere Menschen, und Haleys Leserschaft wuchs explosionsartig. Am Ende bekam sie einen Buchvertrag.

Die Familie hatte viele Herausforderungen zu bewältigen, zum Beispiel, dass es auf ihrer Farm um einen nachhaltigen Lebensstil ging, und so gab es keine Toilettenspülungen. Nirgends. (»Ein Eimer Sägemehl«, lautet die Antwort auf die besorgte Frage, die du dir bestimmt gerade insgeheim gestellt hast.) Das Budget der Familie ist kleiner als klein. Doch diese Dinge sind unbedeutend im Vergleich zu der Chance, das Leben so zu gestalten, dass die ganze Familie sich positiv weiterentwickeln konnte und kann.

Das Entscheidende, was Leute wie die Stewarts anders machen als manch andere, ist, dass sie im Kontext ihrer Familie träumen. Sie sehen ihre Liebsten als Mittragende ihres Erfolgs und nicht als Bremsklötze. Sie denken wie die Mitglieder eines Orchesters und nicht wie Solisten: Kunst ist immer schöner, wenn sie in Zusammenarbeit mit anderen entsteht.

Wage es, gemeinsam mit deiner Familie zu träumen

Eltern werden oft davon abgehalten, mit ihrer Familie gemeinsam zu träumen, weil sie sich nicht trauen, die Kinder darum zu bitten, Opfer zu bringen. Was geschieht, wenn jemand den Beruf wechselt, um mehr Raum für sein Funkeln zu bekommen, sich den bisherigen Lebensstil dann aber nicht mehr leisten kann? Was ist, wenn wir eine Familienkultur schaffen, in der jedes Kind seinem Funkeln folgen kann, dadurch aber weniger Zeit für andere Aktivitäten hat? Ich persönlich glaube, dass solche Abwägungsentscheidungen für die Familie gesund sind – sehr gesund sogar.

Eines der interessantesten Bücher, die ich zum Thema Erziehung gelesen habe, ist *Unsere Kinder brauchen uns* von Gordon Neufeld und Gabor Maté.[30] Sie stellen dort das Konzept der Gleichaltrigenorientierung im Kontrast zur Eltern-Kind-Beziehung vor. Die Identität von Kindern, so die beiden Autoren, wurzelt in ihrer Familie; die Grundlage dessen, wer sie sind und was sie glauben, sollte ihren Ursprung zu Hause haben. Das Gegenteil davon ist die Gleichaltrigenorientierung, bei der die Kinder ihre Identität von ihrem Freundeskreis bestimmen lassen. Die Autoren sind der Auffassung, dass die Gleichaltrigenorientierung psychologisch gesehen ein sehr belastender Lebensstil ist. Wenn unser gesamtes Selbstwertgefühl von den wechselnden Meinungen der Menschen, mit denen wir befreundet sind, bestimmt wird, hat das verheerende seelische Auswirkungen.

Die einen oder anderen wohlmeinenden Eltern neigen zu der Ansicht, es sei das Beste für ihre Kinder, wenn sie frei von familiären Verpflichtungen sind. Sie lassen sie an allen möglichen Aktivitäten, Sportwettkämpfen und Projekten teilnehmen und glauben, wenn sie sie bitten würden, irgendetwas davon für ihre Familie aufzugeben, würde sie das in ihrer Entwicklung behindern. Neufeld und Maté aber zeigen auf, dass Kinder das in diesem Umfang gar nicht wirklich wollen oder brauchen. Je enger ihre Beziehung zu ihrer Familie ist, desto eher haben sie das Gefühl, einen sicheren Hafen zu haben, wenn es im Leben auf und ab geht.

Wenn wir wollen, dass unsere Kinder den Wunsch und die Fähigkeit besitzen, ihr Potenzial voll und ganz zu entwickeln, sollten wir sicherstellen, dass sie familienorientiert und nicht gleichaltrigenorientiert sind. Das ist das Beste, was wir für sie tun können. Um dies zu erreichen, müssen wir eine Familienkultur pflegen, in der jeder und jede bereit ist, für die anderen auf etwas zu verzichten – und nicht nur die Eltern für die Kinder.

Mein Mann ist das einzige Kind einer alleinerziehenden Mutter, die darum kämpfen musste, ihren Lebensunterhalt zu bestreiten. Folglich wuchs er mit umfangreichen familiären Verpflichtungen auf. Schon sehr früh musste er den Rasen mähen, die Wäsche waschen und das Geschirr spülen. Seine Mutter konnte das schlicht und ergreifend nicht alles alleine erledigen. Joe musste echte Opfer bringen – und gerade diese waren es, die ihn so eng mit seiner kleinen Zwei-Personen-Familie verbanden. Sie vermittelten ihm eine innere Stärke, die ich heute noch an ihm wahrnehme.

Wenn ich sehe, wie Eltern sich miteinander und mit ihren Kindern verbünden, um radikale Veränderungen durchzuführen, damit sie alle mehr Raum für ihr persönliches Funkeln bekommen, dann ist das stets mit Opfern verbunden, sowohl für die Erwachsenen als auch für die Kinder. Vielleicht zieht die Familie in ein kleineres Haus um und Geschwister, die bisher jeweils ein eigenes Zimmer hatten, müssen sich nun eines teilen. Jedes Kind kann nur noch eine oder zwei Aktivitäten beibehalten, damit die Eltern mehr freie Zeit haben. Im Familienbudget ist nicht mehr so viel Raum für neue Kleidung oder große Reisen vorhanden. Und doch sehe ich, wie sich all die Familien, die derartige Entscheidungen treffen, ausnahmslos positiv weiterentwickeln. Sie stehen einander näher als je zuvor. Kinder leben auf, wenn sie gebeten werden, für die Menschen, die sie am meisten lieben, etwas aufzugeben. Sie genießen es, in die wichtigen Gespräche über die Ziele und die persönliche Bestimmung jedes Einzelnen mit einbezogen zu werden. Sie haben das Gefühl, Teil von etwas Größerem als sie selbst zu sein, als gehörten sie zu einem Spezialkommando, das sich auf eine abenteuerliche Mission begibt.

Ich liebe das berühmte Zitat von Howard Thurman, dem amerikanischen Philosophen und Bürgerrechtler: »Frage nicht, was die Welt braucht. Frage dich selbst, was dich lebendig macht, und gehe und tue das, denn was die Welt braucht, das sind Leute, die lebendig geworden sind.«[31] Dasselbe gilt für die Familie. Wir sind manchmal so sehr damit beschäftigt, auf die fehlgeleiteten Ratschläge zu hören, was unsere Kinder angeblich alles brauchen, dass wir es verpassen, ihnen eines der besten Geschenke überhaupt zu machen: Eltern, die vor Lebensfreude nur so sprühen.

21. Du hast die Option, alles über den Haufen zu werfen

Eines der beliebtesten Interviews meiner Radiosendung war das mit meinem Mann. Was überraschend ist, weil es nämlich ein Desaster war.

Wir waren unterwegs zu einer Reihe von Vorträgen, die ich zu halten hatte, und ich war verrückt genug, sowohl meine Kinder mitzunehmen als auch jeden Tag meine zwei Stunden auf Sendung zu gehen. Ein Gast hatte in letzter Minute abgesagt und so bat ich Joe einzuspringen. Ich hatte keine Ahnung, worüber ich mit ihm reden würde; ich brauchte nur jemanden, mit dem ich die Sendezeit füllen konnte, weil ich so beschäftigt war mit unserer Reise und den Vorträgen.

Normalerweise wird meine Sendung live ausgestrahlt, aber wegen unseres bevorstehenden Weiterflugs mussten wir sie dieses Mal vorher aufzeichnen. Natürlich konnten wir das nicht in unserem Hotelzimmer tun, in dem unsere Kinder sich aufhielten, die wiederum nach zu vielen Tagen unterwegs allmählich anfingen durchzudrehen. Wir ließen sie mit einer Babysitterin auf dem Zimmer zurück und gingen hinunter in die Hotellobby. Nachdem ich meine ganze Ausrüstung aufgebaut hatte, stellte ich fest, dass es sich um einen Ruhebereich handelte. Man durfte nur flüstern. Ich war müde und die Zeit war knapp und so schaltete ich trotzdem die Mikrofone ein und begann mit dem Interview.

Immer noch hatte ich mir kein Thema überlegt und so kam ich auf das Erstbeste zu sprechen, das mir einfiel. Ich drückte Joe sein Mikrofon in die Hand und sagte leise: »Du bist flexibel genug, all diese Reisen mit der Familie zu unternehmen. Du bist einer der wenigen Männer, die ich kenne, dem sein Leben gefällt. Aber das war nicht immer so. Was ist dein Geheimnis?«

Wir machten beide eine kleine Pause und warteten, bis der Hotelmanager vorübergegangen war. Dann beugte sich Joe dicht übers Mikrofon und flüsterte: »Ich war bereit, alles über den Haufen zu werfen.« Er erklärte, was er damit meinte, nämlich, dass er bereit gewesen war, sein Leben völlig umzukrempeln.

Wenn wir einen Grund haben, warum wir unsere Situation nicht verändern können, dann geben wir meistens auf. »Ich würde ja gern einen anderen Beruf ergreifen«, sagen wir, »aber ich kann es nicht tun, weil ich das Geld brauche, um das Haus und die Autos zu unterhalten.« Damit ist das Thema dann abgeschlossen. Sind wir aber bereit, alles über den Haufen zu werfen, dann sagen wir: »Es ist an der Zeit, das Haus und die Autos zu verkaufen.«

Joes Bemerkung führte zu einem langen Gespräch über seinen Weg zu einem erfüllten Leben als Ehemann und Vater. Er sprach über die Jahre, in denen er die typische Karriere eines Elitehochschulabsolventen eingeschlagen hatte. Er dachte, das Wichtigste im Leben sei es, ein hochrangiger Geschäftsführer zu werden. Nach seinen Stationen auf dem College in Yale sowie seinem Jura- und Wirtschaftsstudium an der Columbia und Stanford University war er Teil einer Welt, in der das Erklimmen der Karriereleiter oberste Priorität hatte. Er tauchte tief in diese Welt ein und sammelte beeindruckende Punkte für seinen Lebenslauf. Trotzdem wurde er immer unzufriedener.

»Ich merkte, dass ich nicht das Leben führte, für das ich bestimmt war«, erklärte er in demselben nüchternen Ton, als würde er gerade ein Golfspiel ankündigen. »Also warf ich alles über den Haufen – gemeinsam mit dir und den Kindern. Wir änderten Bereiche unseres Lebens, von denen die meisten Leute meinten, dass man sie nicht ändern könnte. Wir stellten unser ganzes Leben auf den Kopf, bis es so war, dass es uns erfüllte.«

Wir redeten eine ganze Stunde lang. Ich ergänzte, dass die Bereitschaft zu solchen erdbebenartigen Veränderungen für mich nicht selbstverständlich gewesen sei, ich aber gelernt habe, mich mehr auf die langfristige Vision einzustellen, statt auf die kurzfristigen Hindernisse zu blicken. Wir tauschten uns darüber aus, wie Menschen ihr Funkeln so einsetzen können, dass es sie zu einem Leben führt, das sich für sie richtig anfühlt. Wir stellten fest, dass das, was bei uns funktionierte, nicht für alle funktioniert, aber die Grundlagen sich nicht unterscheiden. Als wir fertig waren, schickte ich die Audiodatei an meinen Produzenten und packte für die nächste Etappe unserer Reise. Ich nahm an, dass diese Sendung kein großes Publikum finden würde, weil es so lächerlich war, dass wir die ganze Zeit flüsterten. Am nächsten Tag stand ich Schlange im Flughafenterminal und dachte gar nicht mehr daran, dass die Sendung in diesem Moment ausgestrahlt wurde. Plötzlich füllte sich mein E-Mail-Postfach und ich erhielt unzählige Textnachrichten.

Das Interview war gesendet worden und alle Leute baten mich um dieselbe Sache: *Erzähl bitte mehr davon, wie man alles über den Haufen wirft.*

Die Pflicht zu träumen

Nach Joes Definition bedeutet »alles über den Haufen werfen«, dass man für Veränderungen in wirklich jedem Bereich seines Lebens offen ist: was den Job betrifft; das Haus, in dem man lebt; die Stadt, in der man wohnt; die schulische Bildung der Kinder; das Auto, das man fährt; das Essen, das man zu sich nimmt; die Art, wie man sich kleidet. Bei dieser Kalkulation wird nichts außen vor gelassen. Man spielt mit den wildesten Gedanken, bis man auf eine Vision stößt, die nach dem Leben klingt, das man eigentlich führen will.

Aber das braucht Zeit.

Ich hörte einmal einen Business-Experten sagen, dass Führungskräfte in Unternehmen nichts mehr brauchen als Zeit zum Nachdenken. Er erklärte, in einer solchen Position sei es die vorrangige Aufgabe, große Visionen vorzugeben. Wenn der Kopf des Teams keinen großen Traum hat, wohin es in Zukunft mit der Firma gehen soll, dann wird ihn niemand haben. Eine Organisation, deren Führungspersonal ständig überfordert ist, wird uninspirierte Angestellte hervorbringen und ein Unternehmen, das sein Potenzial nicht voll ausschöpft. Dasselbe gilt für unser persönliches Leben.

Du bist die Führungskraft deines Lebens. Und wenn du Kinder hast, dann leitest du auch deine Familie.

Du hast die Pflicht zu träumen. Es ist dein Job, die Vision vorzugeben, den Blick vom Boden zu heben, auf den Horizont zu schauen und dir vorzustellen, was jenseits dessen liegen mag. Du wirst feststellen: Wenn du deinem Funkeln folgst, wird es dir den Weg zu einem besseren Leben weisen. Aber um all das zu tun, brauchst du fürs Erste eine Pause, ein bisschen Zeit zum Nachdenken.

Wenn du unzufrieden bist, dann hat das oftmals den Grund, dass du in einer ständigen Krise lebst. Du hast das Gefühl, wie verrückt herumzurennen, du löschst ein Feuer, während schon das nächste ausbricht. Ehe du dichs versiehst, ist dein Bankkonto überzogen, eine Rechnung längst überfällig und du hast eine Textnachricht von deinem Chef, die lautet: »Wir müssen reden.«

Selbst falls du dir wünschst, dein Leben zu verändern, wüsstest du nicht einmal, wo du anfangen sollst. Dir gefällt zwar Joes Gedanke, »alles über den Haufen zu werfen«, aber du hast zu Recht das Gefühl, es sei keine gute Idee, blind loszurennen. So schön es auch wäre, deinem Boss eine Textnachricht zu schicken, dass du auf der Stelle kündigst, so brauchst du doch zuerst eine Vision. Einen Plan.

Vielleicht merkst du, dass bei dir Veränderungen anstehen, die dein Leben bis in die Grundfesten erschüttern werden, egal ob es um dein Funkeln geht oder fürs Erste darum, aus dem ständigen

Krisenmodus herauszufinden. In jedem Fall solltest du dir Zeit nehmen, um dich intensiv damit zu beschäftigen. Dafür musst du nicht verreisen und dich ein ganzes Wochenende lang an einen ruhigen Ort zurückziehen. Selbst wenn es nur ein paar Stunden in der Woche sind, kann das dein Leben verändern. Du kannst dich in Ruhe hinsetzen und für dich brainstormen oder im Austausch mit jemandem, der dich gut kennt. Egal wie du es organisierst, tu es, ohne dich dafür zu rechtfertigen. Lass deine Gedanken nicht abschweifen zu all dem, was du vermeintlich stattdessen gerade alles tun »solltest«. Nimm dir etwas zum Schreiben und notiere, in welchen Bereichen deines Lebens du unzufrieden bist.

Und nun kommt der schwere Teil: Schreib auf, was es bedeuten würde, wenn du etwas veränderst. Wahrscheinlich wirst du hier auf Hindernisse stoßen. Wenn die Antworten einfach wären, hättest du ja schon längst etwas verändert. Doch zunächst einmal ist das nur eine Übung, bei der du deinen Gedanken freien Lauf lässt. Erinnere dich immer wieder selbst daran, dass du keine dieser Ideen umsetzen musst – es sind nur Möglichkeiten. Wenn du Abstand davon nimmst, das alles verwirklichen zu wollen, kannst du viel offener denken.

Als Joe und ich uns die ersten Male gemeinsam mit dieser Übung beschäftigten, entstand bei uns der Traum, alle unsere Elternteile in der Nähe zu haben. Wir erwarteten unser zweites Kind und ein paar zusätzliche helfende Hände wären für uns sehr wertvoll. Außerdem würden sich sowohl die Kinder als auch die Großeltern riesig darüber freuen, sich regelmäßig sehen zu können. Da Joe und ich beide Einzelkinder sind, deren Eltern sich getrennt haben, würde es für uns mit einem gemeinsamen Wohnort leichter sein, ihnen zu helfen, wenn sie älter wurden.

Es war eine schöne Vision und zugleich kam sie uns völlig unmöglich vor. Selbst wenn unsere Eltern den Entschluss fassen würden, zu uns zu ziehen, würde das bedeuten, dass Joe und ich verpflichtet wären, langfristig hier wohnen zu bleiben. Wir wollten nicht unsere Eltern überreden, sich in unserer Nähe niederzulassen, um dann irgendwann selbst unsere Sachen zu packen und wegzuziehen. Die Verpflichtung, an unserem Wohnort zu bleiben, würde unsere beruflichen Chancen sehr einschränken. Wie sollten wir eine Umgebung finden, in der wir einander nahe genug waren und die wir alle gleichermaßen mochten?

Am Ende taten wir es doch. Es brauchte acht Jahre, aber wir schafften es, alle in derselben Stadt unterzubringen. Es war nicht einfach, ja sogar noch komplizierter, als wir es uns vorgestellt hatten. Doch wir hätten es nie verwirklichen können, wenn wir nicht die Einstellung des »Wir werfen alles über den Haufen« gehabt und uns nicht die Frage gestellt hätten: *Was wollen wir wirklich?*

Bleib realistisch, was die Risiken angeht

Das erste Mal stellten Joe und ich unser Leben auf den Kopf, als er seinen zermürbenden Job in einem großen Konzern kündigte und wir ein kleines Unternehmen gründeten. Damit stieg Joe aus einer Karriere aus, die er ein ganzes Jahrzehnt lang aufgebaut hatte. Wir mussten unsere coole elegante Stadtwohnung verlassen und bei meiner Mutter einziehen, damit wir finanziell klarkamen. Wenn wir scheiterten, würden wir keine Ersparnisse mehr haben. Joe hätte nicht so einfach in seinen früheren Beruf zurückkehren können; er war im technologischen Bereich tätig gewesen, wo man immer mit der Entwicklung Schritt halten muss. Außerdem hatte er durch seinen Branchenwechsel viele berufliche Kontakte verloren.

Das Ganze fühlte sich riskant an, aber Joe schien nicht allzu viele Befürchtungen zu haben. Er war in Armut aufgewachsen und seine Mutter kam sogar aus noch bescheideneren Verhältnissen – ihre Familie lebte so weit unter der Armutsgrenze, dass es in ihrem Haus nicht einmal fließendes Wasser gab. Als Kind hatte Joe miterlebt, wie seine Mutter wohlkalkulierte Risiken einging, um sich selbst und ihrem Sohn ein besseres Leben zu ermöglichen, und sie hatte wirklich alles zu verlieren. Sie besaß kein Geld, kein Sparkonto, keine Bildung, keinen Ehepartner und hatte auch sonst niemanden, der sie langfristig unterstützen konnte. Oft war die Situation so angespannt, dass sie mit ihrem Sohn auf der Straße gelandet wäre, wenn sie die nächste Rechnung nicht hätte bezahlen können.

»Wir sollten dankbar sein, dass wir es so gut haben«, meinte Joe eines Nachmittags, als wir über die Risiken sprachen, die wir eingehen würden, wenn wir unser Leben derart umkrempelten. »Selbst wenn dieses Abenteuer komplett schiefläuft, werden wir nicht verhungern. Es kann sein, dass wir pleite sind und vielleicht eine Weile bei Verwandten leben müssen, bis wir wieder auf die Füße kommen, aber das wäre auch schon das allerschlimmste Szenario.«

Joe wollte damit nicht die realen Probleme leugnen, denen wir im Falle eines Scheiterns gegenüberstehen würden. Natürlich wäre es keine Kleinigkeit, wenn wir mit einem Haufen Schulden aus dem Ganzen herausgehen würden. Das Geniale an seiner Vision war aber, dass sie im Blick auf das große Ganze alles in die richtige Perspektive rückte: Wir sollten nicht vergessen, dass wir immer noch in einem sehr fortschrittlichen Land lebten und es extrem unwahrscheinlich war, dass einer von uns sterben oder ernsthaft zu Schaden kommen würde, selbst wenn unsere Pläne komplett danebengingen.

»Weißt du, wie viele Menschen alles für die Chance geben würden, ihr Leben derart zu verändern? Denk mal an diejenigen, die in Unterdrückung oder in Kriegsgebieten leben. Oder die, die zu anderen Zeiten gelebt haben; ja, es genügt schon, wenn du dir meine Mutter und ihre Situation vor Augen hältst: mittellos und isoliert. Wie viel hätte es diesen Menschen bedeutet, wenn sie ihr Leben unter den heutigen Umständen in unserem Land hätten verändern können, wo die einzigen realen Risiken in der Regel Schulden und ein bescheidenerer Lebensstil sind?«

Wenn du darüber nachdenkst, dein Leben radikal umzugestalten, solltest du mit Bedacht handeln, vor allem, wenn du Kinder hast. Stell einen Plan auf, gemeinsam mit deiner Familie. Such den Rat weiser Menschen. Überleg dir einen Plan B, falls es nicht funktioniert. Nimm dir viel Zeit, um über alles nachzudenken und – falls du gläubig bist – zu beten. Aber bleib auch realistisch, was die Risiken angeht. Man kann sich leicht in etwas hineinsteigern und sich einbilden, dass es ein persönlicher Weltuntergang wäre, wenn es nicht klappt. Dabei ist selbst das Worst-Case-Szenario mit nüchternem Blick betrachtet oft gar nicht so furchterregend.

Nutz die Möglichkeiten von heute

Wer von uns Großeltern hatte, die noch die Weltwirtschaftskrise miterlebt haben, kann förmlich ihre Ermahnungen hören, sobald wir davon reden, unser Leben neu zu ordnen oder auch nur kleinere Veränderungen vorzunehmen, um unserem Funkeln zu folgen. Wenn meine Großmutter noch unter uns weilen würde, dann würde sie wahrscheinlich ihre Näharbeit unterbrechen, mir einen skeptischen Blick zuwerfen und sagen: »Dein *was*?« Sie würde mich liebevoll, aber bestimmt dazu auffordern, mit diesem Unsinn aufzuhören und mir einen richtigen Job zu suchen.

Selbst Leute, die nicht für Mahlzeiten anstehen mussten, können einen für verwöhnt halten, wenn man solche Gedanken von sich gibt.

Früher mag es wirklich unverantwortlich gewesen sein, einen sicheren Beruf aufzugeben und sich eine Arbeit zu suchen, die einem besser gefiel, besonders, wenn man Kinder hatte. Meine Urgroßmutter spielte gern Gitarre und hatte eine schöne Singstimme. Dort zeigte sich ihr Funkeln und sie gab ihm jeden Abend Raum, wenn sie mit ihrem Mann und den Kindern auf der vorderen Veranda saß. Doch angesichts der Tatsache, dass sie Anfang des 20. Jahrhunderts auf einer abgelegenen Farm lebte, hatte sie nicht viele Möglichkeiten, mit ihrer Liebe zur Musik ein Einkommen zu erzielen. Es wäre sicherlich keine gute Idee gewesen, wenn sie ihrem Mann vorgeschlagen hätte, die Farm aufzugeben und als Familienband aufzutreten.

Heute liegen die Dinge anders. Unsere Wirtschaft ist viel größer, was bedeutet, dass es viel mehr Möglichkeiten gibt, den eigenen Lebensunterhalt zu bestreiten. Wir haben das Internet, was uns viele Kontakte und Gelegenheiten verschafft, mit unseren Fähigkeiten zu Geld zu kommen. Es ist auch einfacher geworden, dass mehrere Familienmitglieder etwas nebenbei machen, womit sie zum Lebensunterhalt beitragen. Wir haben Kreditkarten und andere Quellen, um Darlehen aufzunehmen, was nicht ideal ist, aber uns ein Sicherheitsnetz verleiht, wenn etwas wirklich missglückt. Wir haben Elektrizität und allein schon dadurch, dass wir abends das Licht anknipsen können, stehen uns mehr produktive Stunden zur Verfügung, um nachzudenken und zu planen und das, was wir lieben, jeden Tag zu tun.

Lass dich also nicht durch Befürchtungen, die sich dank deiner Lebensumstände nicht bewahrheiten werden, davon abhalten, das Leben anzustreben, das zu dir passt. Du lebst in einem System, in dem sich deine Leidenschaften verwirklichen lassen, und das darfst du nutzen.

Raus aus dem alten und hinein ins neue Leben

An der Stanford University war Andy Grove, der legendäre frühere Geschäftsführer des großen Halbleiterproduzenten Intel, einer von Joes Professoren. Einmal erzählte Grove eine wunderbare Geschichte aus einer Wendezeit seiner Karriere, an die ich oft denken muss, wenn ich große Veränderungen vor mir habe. Er und der Intel-Mitbegründer Gordon Moore erkannten, dass ihr derzeitiges Unternehmen in einer Krise steckte. Es war einer dieser Momente, in denen man entweder schwimmt oder untergeht.

Entweder die beiden fanden einen Weg, um die Firma zu retten, oder das war's. Sie planten, entwarfen Strategien und fanden zu einer radikal neuen Vision, wie sie das Unternehmen in Zukunft weiterführen würden. Und dann kommt meine Lieblingsstelle in der Geschichte: Sie gingen hinunter in die Lobby, verließen das Gebäude und kehrten dann als die neuen Geschäftsführer von Intel zurück.

Joe und ich machten das zwar nicht, als wir beschlossen, unser ganzes Familienleben umzukrempeln, aber ich wünschte, wir hätten es getan. (Wenn wir allerdings in dieser Phase unseres Lebens auch nur eine Minute das Haus verlassen hätten, so hätten wir bei unserer Rückkehr wahrscheinlich Szenen wie aus *Herr der Fliegen* angetroffen.) Diese Symbolik gefällt mir: in dasselbe Gebäude mit einer anderen inneren Einstellung zurückzukehren. Alles ist gleich und doch ist alles anders.

Wenn du dich entscheidest, dein Leben völlig umzugestalten, überleg dir doch, ob du den Neustart nicht auch mit einem symbolischen Akt begehen willst, so wie Grove und Moore mit ihrem Verlassen und Wiederbetreten des Gebäudes. Finde einfach eine kleine Geste, mit der du dir selbst und anderen signalisierst: Von jetzt an ändert sich bei mir so einiges.

22. Du gibst nicht auf, okay?

Inzwischen hast du sicherlich bemerkt, wie viele Möglichkeiten sich dir durch dein Funkeln eröffnen. Es gibt so vieles, was du tun kannst – aber eines auf keinen Fall: kneifen. Selbst wenn du immer noch nicht so genau weißt, wofür du eigentlich brennst, fang einfach an. Geh die Liste, die du anfangs nach meiner Servietten-Story geschrieben hast, noch einmal durch. Wähl das erste Wort aus, das dir ins Auge springt, und probiere einfach etwas aus. Wenn keines dir in besonderer Weise auffällt, dann nimm irgendeines. Du kannst es später immer noch verwerfen und etwas anderes versuchen, also leg los. Jetzt.

Du brauchst nach keiner großen Vision für dein Funkeln zu suchen, der du dein ganzes Leben lang folgen willst. Überleg dir lieber, wie du hier und heute das, wofür du brennst, zum Leuchten bringen kannst. Dann schau, welche Türen sich dir öffnen. Beobachte. Sieh genau hin. Wem hast du helfen können und warum war gerade das, was du getan hast, für diese Person hilfreich? Auf diese Weise entdeckst du vielleicht eine ganz spezifische Leidenschaft, die in dir schlummert, oder du erkennst im Rückblick, dass über einen gewissen Zeitraum alle möglichen Dinge ein Funkeln in dir hervorgerufen haben. Wie dem auch sei, du wirst auf jeden Fall entdecken, dass du etwas Gutes bewirkt hast.

Tu es nicht für dich, sondern für mich

Ich weiß, dass das, worüber wir hier reden, nicht einfach ist. Du hast schon so einiges versucht. Du bist gescheitert. Du musstest Enttäuschungen hinnehmen. Der Gedanke, dich noch einmal oder vielleicht zum ersten Mal wieder aufzurappeln, erscheint anstrengend.

Es ist so viel einfacher, es gar nicht erst drauf ankommen zu lassen. Aufzugeben hat etwas Tröstliches – ich weiß das, weil ich es oft getan habe. Du sagst dir, du seist zu müde, zu beschäftigt und du könntest sowieso nichts verändern. Du vermutest, dass die Leute recht hatten, die behauptet haben, du hättest keine besonderen Talente. Du redest dir ein, deine besten Jahre lägen hinter dir. Es hätte sowieso keinen Sinn. Wenn du das oft genug wiederholt hast, wird die hartnäckige Stimme in deinem Hinterkopf, die sagt, du hättest etwas Wertvolles beizutragen, vielleicht verstummen. Du schenkst dir einen Drink ein, schaltest den Fernseher ein und bleibst in Deckung, bis du dich für die Welt angenehm unsichtbar fühlst.

Stell dir vor, ich stehe vor dir und sage: »Lass uns was Verrücktes zusammen unternehmen. Lass uns nach dem Mond zielen. Wenn wir ihn verfehlen, werden wir höchstens im Weltraum landen, wo niemand unsere Schreie hört.«

Stell dir vor, ich nehme dich in eine Bar mit, wo ich einen Stand-up-Comedy-Auftritt habe, und du spürst den Schmerz, den ich empfinde, weil mein Publikum auf die Uhr schaut und sich nach dem Ausgang umsieht, während ich neues Material ausprobiere, das, wow, bei dieser Zuhörerschaft offenbar nicht funktioniert.

Du sitzt neben mir im Studio, während ich in der Sendung eine meiner Erkenntnisse zum Besten gebe, die sich aber irgendwie verrückt anhört, und dann siehst du auf meinem Handy eine Textnachricht von meinem Chef aufpoppen, die lautet: »Bitte rufen Sie mich nach der Sendung an.«

Ich schicke dir einen Link für eines meiner Bücher. Du stellst fest, dass es sich gerade auf Platz 1.839.004 der Bestsellerliste befindet, und du liest dort auch eine neue Rezension von jemandem, der nur einen Stern vergibt und behauptet, dass alles, was ich schreibe, Blödsinn sei.

Aber dann zeige ich dir eine E-Mail. Sie stammt von einer Frau, die meine Radiosendung gehört oder meine letzte Comedy-Show gesehen oder eines meiner Bücher gelesen hat. Sie sagt, dass sich dadurch bei ihr etwas verändert habe. Sie befand sich gerade in einer schwierigen Situation und etwas von dem, was ich gesagt habe, blieb bei ihr hängen und ließ ihren Tag heller werden. Wenn du gesehen hast, wie ich so durch den Tag stolpere, dann wird dir klar, dass der Segen, den diese Person empfangen hat, nicht auf irgendwelche brillanten Gedanken von mir zurückzuführen ist. So etwas geschieht, wenn du dich nicht länger versteckst, sondern versuchst, dein Funkeln in die Welt zu bringen, selbst wenn es die meiste Zeit schiefgeht. Alles, was wir tun müssen, ist, aus der Deckung herauszukommen. Das Wunderbare, was dann passieren kann, liegt nicht in unserer Hand.

Und nun wende ich mich an dich. Ich bitte dich, aus der Deckung zu kommen.

Bitte zeig dich.

Sei dir darüber im Klaren, dass auch du Fehler machen wirst. So wie ich. Du wirst frustriert sein und das Gefühl haben zu scheitern. Du wagst dich nach draußen und die Leute verdrehen genervt die Augen – oder noch schlimmer, sie benehmen sich gleichgültig. Und wenn das passiert ist, bitte ich dich, ein weiteres Mal aus der Deckung zu kommen.

Wenn du das, was du in dir trägst, nicht zum Leuchten bringst, dann enthältst du der Welt ein Geschenk vor.

»Das macht nichts, weil mein Geschenk sowieso nichts taugt«, wirst du in einem deiner schlechten Momente einwenden.

Aber weißt du was? Das zu entscheiden, steht dir nicht zu. Weil es nicht um dich geht. Wenn es sich bei der ganzen Sache um Selbstverwirklichung drehen würde, dann könntest du natürlich das Handtuch werfen. Aber es geht hier um viel mehr. Auf deine für dich bestimmte Art und Weise kannst du etwas Gutes bewirken und es wäre nicht richtig, es für dich zu behalten.

All das wurde für mich eines Abends besonders deutlich, nachdem mein sechstes Kind zur Welt gekommen war. Es war jene

Schwangerschaft gewesen, in der alles super lief … bis ich eine beidseitige Lungenembolie bekam. Nachdem das Baby geboren war, hatte ich immer noch Schwierigkeiten mit dem Atmen und so lief ich ständig mit dem Gefühl herum, langsam zu ersticken. Während der Geburt hatte es Probleme gegeben. Mein Sohn befand sich daraufhin in einem lebensbedrohlichen Zustand und musste auf die Neugeborenen-Intensivstation eines weit von unserem Wohnort entfernten Krankenhauses verlegt werden. Er erholte sich später wieder, aber das wusste ich zu diesem Zeitpunkt noch nicht. An diesem besonderen Abend sah es nicht gut aus.

Den ganzen Tag war ich im Krankenhaus gewesen. Vor Traurigkeit und Stress hatte ich außer einer Tüte nicht mal leckerer Chips aus dem Automaten nichts runterbekommen. Nun war es spätabends und ich musste nach Hause. Ich verließ das Krankenhaus am Rande des Zusammenbruchs. Zu Hause warteten meine anderen kleinen Kinder, die mich brauchten, aber ich hatte das Gefühl, ihnen nichts mehr geben zu können. Ich musste stark sein, um für mein Baby zu kämpfen; ich musste stark sein für meine Kinder, denn meine Verfassung würde auch ihre Reaktion auf die ganze Situation prägen; ich musste stark sein für meinen Mann, der versuchte, seinen Job zu bewältigen und den ganzen Haushalt am Laufen zu halten, während er sich selbst auch große Sorgen um unser Kind machte.

Als ich auf dem Heimweg war, um ein Uhr morgens mit hundert Stundenkilometern auf der Autobahn, hatte ich zu allem Überfluss auch noch einen Platten. Ich schaffte es, den Wagen über die Fahrspuren hinweg auf den Standstreifen zu manövrieren, nur um dann festzustellen, dass ich keinen Ersatzreifen hatte. Ich rief den Abschleppdienst, aber es würde längere Zeit dauern, bis er da war. Erschöpft lehnte ich mich gegen mein Auto. Zu meinen Füßen lagen die Scherben einer Bierflasche und jedes Mal, wenn ein riesiger Truck mit achtzehn Rädern an mir vorüberdonnerte, vibrierte der Asphalt und der Fahrtwind schlug mir die Haare ins Gesicht. Die Belastungen der letzten Monate hatten sich in mir so aufgestaut, dass ich nur Sekunden davon entfernt war, keuchend und schluchzend in eine Panikattacke zu verfallen, und das mitten in der Nacht am Rande der Autobahn. Dann hörte ich ein Lied.

Die Klänge eines sanften Countrysongs tönten durch die offenen Wagenfenster heraus in die Nacht, gelegentlich von einem vorübersausenden Auto übertönt. Wie es bei guter Musik oft passiert, sprach mich dieses Lied an. Es flüsterte mir etwas zu, das so stark war, dass es sich nicht in Worte fassen ließ. Obwohl es nur ein einfaches Liebeslied war, trafen mich bestimmte Zeilen ins Herz und sagten mir genau das, was ich in diesem Moment nötig hatte. Es war, als würde Gott mich durch diesen Song trösten, mich daran erinnern, dass er hier bei mir war, mitten in den Scherben am Fahrbahnrand. Die Fassade, die ich so lange aufrechterhalten hatte, brach in sich zusammen und ich fing an zu weinen. Aber es waren gute Tränen. Sie brachten Erleichterung. Es war der einzige geistliche Moment, den ich seit Wochen gehabt hatte, vielleicht sogar seit Monaten, und meine Tränen waren das Zeichen dafür, dass meine Seele endlich aufatmen konnte.

Dieses Lied hat mir so viel gegeben und ich weiß nicht einmal, wie es heißt. Ich war so in diesem Moment gefangen, dass ich keine App öffnete und mir den Text nicht aufschrieb. Ich schloss einfach nur die Augen und hörte zu. Es war auf jeden Fall kein besonders bekannter Song. Als der Moderator ihn ankündigte, erwähnte er, dass der Künstler regional tätig sei; er schien davon auszugehen, dass niemand ihn kannte. Ob dieser Musiker wohl mal an sich gezweifelt hat? War er damals am Ende seiner Karriere angelangt und fragte sich, ob sein Funkeln jemals etwas bewirkt hatte? Oder stand er noch ganz am Anfang und war unsicher, ob er damit etwas erreichen würde? Hätte er am liebsten aufgegeben, weil der Erfolg ausblieb? Ich weiß es nicht. Ich weiß nur, dass er einer verzweifelten Frau mitten in der Nacht auf dem Standstreifen der Interstate 35 einen unerwarteten Moment tiefer Freude geschenkt hat.

Also noch mal: Komm aus der Deckung. Fang heute an. Egal ob du genau weißt, worin sich dein Funkeln zeigt, oder ob du es noch herausfinden musst: Geh's an! Als eine, die ihr Funkeln mitten in Erschöpfung und Chaos freigelegt hat, versichere ich dir: Du kannst das. Wenn es sein muss, tu es spätabends, frühmorgens oder wenn du in der Mittagspause im Auto sitzt. Die Belastungen und Unvollkommenheiten deines Lebens werden deine Arbeit befeuern und ihr einen einzigartigen Dreh verleihen. Und wenn du den ersten Funken siehst, wirst du feststellen, wie schön er ist. Du wirst spüren, wie neue Energie in jeden Bereich deines Lebens hineinfließt. Und am Ende wirst du erkennen, dass die positiven Auswirkungen, die dein Funkeln auf andere hat, noch größer sind als bei dir selbst.

Ich bin dem, der jenes Lied geschrieben hat, für immer dankbar, denn es wendete in jener Nacht auf der Autobahn die Dinge für mich zum Guten. Wenn ich mich das nächste Mal in einer dunklen Lage befinde und durch das Funkeln eines anderen Menschen Licht in mein Leben kommt, dann wünsche ich mir, dass du dahintersteckst.

Dein Freifahrtschein

Vielleicht erinnerst du dich noch, wie du als Kind oder in deiner Teenagerzeit die Erlaubnis deiner Lehrkräfte oder ein Entschuldigungsschreiben deiner Eltern brauchtest, um den Unterricht vorzeitig verlassen zu dürfen. Wenn du keine gehabt hättest und einfach weggegangen wärst, hättest du dich beim Rausschleichen aus der Schule womöglich gefühlt, als würdest du etwas Kriminelles tun und müsstest jeden Moment damit rechnen, von den Behörden aufgegriffen und verhaftet zu werden. Selbst wenn du einen triftigen Grund für dein Weggehen gehabt hättest, wärst du vorsichtig gewesen. Aber du hattest ja – sofern du nicht geschwänzt hast – die offizielle Befreiung vom Unterricht. Das Entschuldigungsschreiben war real und der entsprechende Eintrag im Klassenbuch auch. Beides besagte, dass du das Recht hattest, dich dort aufzuhalten, wo du gerade warst. Niemand konnte etwas dagegen sagen. Ja, du wünschtest dir sogar, dass dich jemand ansprechen und fragen würde, was du hier während der Unterrichtszeit machst. Denn du hattest deine Begründung ja schwarz auf weiß.

Ich möchte dir jetzt auch so ein Schreiben mitgeben, eine Art Freifahrtschein. Er gibt dir die Berechtigung, dich außerhalb der Grenzen zu bewegen, die dich normalerweise einengen. Du kannst ihn kopieren und ihn in dein Tagebuch heften oder ihn fotografieren und bei deinen Favoriten auf dem Handy abspeichern. Du solltest ihn schnell zur Hand haben, wenn du das Gefühl hast, dass du am liebsten aufgeben willst.

Liebe*r _____,

du hast hiermit die Erlaubnis, dein Funkeln zu entdecken. Du hast außerdem die Erlaubnis:

… dir nicht mehr den Kopf zu zerbrechen, ob es egoistisch ist, dem zu folgen, wofür dein Herz schlägt;

… Entscheidungen zu treffen, die in den Augen anderer verrückt sind;

… Dinge zu tun, die dir Angst machen;

… die Widerstände zu bekämpfen;

… dich selbst anzunehmen (mit all deinen Eigenheiten);

… im Kalender Platz zu schaffen;

… Raum einzunehmen;

… das nötige Budget zu beanspruchen;

… große Träume zu haben;

… kleine Träume zu haben;

… nicht mehr perfekt sein zu wollen und stattdessen eine große Geschichte zu leben;

… mit dem, was du liebst, etwas bewirken zu wollen;

… deinen Job hinzuwerfen;

… deinen Job zu behalten;

… ein Funkeln aufzugeben und dafür ein neues zu finden;

… um Hilfe zu bitten;

… Nein zu sagen;

… aus deiner Höhle herauszukommen;

… dein Funkeln auch dann aufleuchten zu lassen, wenn das Leben hart ist;

… dein Familienleben nach euren eigenen Erwartungen zu gestalten, nicht nach denen anderer;

… wenn nötig, alles über den Haufen zu werfen, damit du endlich so leben kannst, wie es dir und deinem Funkeln entspricht.

Wir brauchen dein Funkeln. Du trägst es in dir. Also leg los!

Alles Liebe
Jen Fulwiler

Anmerkungen

1 Oprah Winfrey: *The Path Made Clear.* Flatiron: New York 2019, S. 2.

2 Rich Roll: »Episode 401: James Clear on Why Habits Are the Compound Interest of Self-Improvement«, *The Rich Roll Podcast,* 28. Oktober 2018.

3 Joe Avela, Tanza Loudenback: »HGTV Stars Who Went from Renovating Houses to Running a Multimedia Empire Explain the Keys to a Great Business Plan.« *Business Insider,* 24. November 2016, https://www.businessinsider.com/chip-and-joanna-gaines-tell-us-the-key-to-having-a-great-business-plan-2016-11 [aufgerufen am 17.04.2023].

4 Mike Ayers: »›Fixer Upper‹ Star Chip Gaines Wants to Fund Your Next Business Idea.« *CNN Money,* 17. Oktober 2017, http://money.com/money/4984048/fixer-upper-star-chip-gaines-inter-view-money/ [aufgerufen am 17.04.2023].

5 Ebd.

6 Mia Mercado: »Writer Kiki Schirr's ›Rejection Goal‹ Reframes How We Should Think about Success.« *Bustle,* 30. Mai 2018, https://www.bustle.com/p/writer-kiki-schirrs-rejection-goal-reframes-how-we-should-think-about-success-9245762 [aufgerufen am 17.04.2023].

7 »Stephen King Quotes.« *Goodreads,* https://www.goodreads.com/quotes/848294-by-the-time-i-was-fourteen-the-nail-in-my [aufgerufen am 17.04.2023]. (Die deutsche Ausgabe von Stephen Kings Buch erschien unter dem Titel *Das Leben und das Schreiben.* Heyne: München 2011).

8 Mercado: »Writer Kiki Schirr's ›Rejection Goal‹«.

9 Joel Lovell: »The Late, Great Stephen Colbert.« *GQ,* 17. August 2015, https://www.gq.com/story/stephen-colbert-gq-cover-story [aufgerufen am 17.04.2023].

10 Steven Pressfield: *The War of Art.* Grand Central: New York 2002, S. 7.

11 Ebd., S. 31.

12 Ebd., S. 42.

13 Elizabeth Gilbert: »Your Elusive Creative Genius.« Aufgenommen im Februar 2009 auf der TED2009 Conference. TED Video, 19:25, https://www.ted.com/talks/elizabeth_gilbert_on_genius?language=en [aufgerufen am 17.04.2023].

14 Ebd.

15 Jennifer Fulwiler: »The Missy Franklin Interview.« *The Jen Fulwiler Show,* SiriusXM, 28. Mai 2019.

16 Marie Kondo: *Magic Cleaning. Wie richtiges Aufräumen Ihr Leben verändert.* Rowohlt Taschenbuch Verlag: Reinbek bei Hamburg 2019[42], S. 35.

17 Ebd., S. 37.

18 Donald Miller: *A Million Miles in a Thousand Years. How I Learned to Live a Better Story.* Thomas Nelson: Nashville 2009, S. 25. Übersetzung des Zitates: Anja Findeisen-MacKenzie. (Das Buch erschien auch auf Deutsch unter dem Titel *Eine Million Meilen in tausend Jahren. Was ich beim Umschreiben meines Lebens gelernt habe.* Luqs Verlag: Ingolstadt 2010).

19 Ebd., S. 31.

20 Katie Prejean McGrady (@KatiePrejean): »Those were the darkest days of my life as I felt alone and abandoned, betrayed by friends, ignored by men I trusted, and cast aside by a place I loved.« Instagram, 5. Mai 2019, https://www.instagram.com/p/Bx Fsh8lBIpN/?igshid=xh1py1e056tg [aufgerufen am 17.04.2023].

21 »Why Saying ›No‹ Will Boost Your Career.« BBC, https://www.bbc.com/worklife/article/20140314-just-say-no [aufgerufen am 17.04.2023].

22 Eric Westervelt: »Lessons in ›Essentialism‹. Getting More Out of Life By Doing Less.« NPR, 26. Juli 2014, https://www.npr.org/transcripts/334038029?storyId=334038029?storyId=334038029 [aufgerufen am 17.04.2023].

23 Kondo, *Magic Cleaning*, S. 199.

24 Greg McKeown: *Essentialismus. Die konsequente Suche nach Weniger*. Unimedica: Kandern 2020⁴, S. 8.

25 Austin Kleon: *Alles nur geklaut. 10 Wege zum kreativen Durchbruch*. Goldmann Verlag: München 2013, S. 102.

26 Scott Barry Kaufman: »Why Weird Experiences Boost Creativity«, *Psychology Today*, 11. Juni 2012, https://www.psychologytoday.com/ie/blog/beautiful-minds/201206/why-weird-experiences-boost-creativity?page=0 [aufgerufen am 17.04.2023].

27 Ebd.

28 Walter J. Ciszek in Zusammenarbeit mit Daniel L. Flaherty: *Mit Gott im Gulag. Verurteilt als Spion des Papstes*. Echter Verlag: Würzburg 2015, S. 112-113.

29 Simon Sinek : »How Great Leaders Inspire Action«, aufgenommen im September 2009 in Puget Sound, Washington. TED Video, 17:58, https://www.ted.com/talks/simon_sinek_how_great_leaders_inspire_action?language=en [aufgerufen am 17.04.2023].

30 Gordon Neufeld und Gabor Maté: *Unsere Kinder brauchen uns. Wie Eltern sich ihre Rolle zurückerobern*. Narayana Verlag: Kandern 2022.

31 www.aphorismen.de/suche?f_autor=9478_ Howard+ Thurman [aufgerufen am 17.04.2023].

FRANCKE-Empfehlungen für dich

Debora Sommer
Im Herzen ist Raum für mehr
Sehnsucht als Lebenskraft entdecken
ISBN 978-3-96362-141-3
256 Seiten, Klappenbroschur
auch als E-book erhältlich

Wieso hört das menschliche Herz nie auf sich zu sehnen? Warum stellt sich selbst nach den schönsten Erlebnissen und dem Erreichen von Zielen wieder dieses diffuse Gefühl ein, dass es doch mehr geben muss?

Debora Sommer nimmt uns mit auf eine spannende Entdeckungsreise in die Welt der Sehnsucht. Was ist Sehnsucht eigentlich? Welchen Ursprung hat sie? Wie filtern wir aus unseren oft nicht richtig greifbaren Gefühlen unsere Grundsehnsüchte heraus? Was hat Gott mit all dem zu tun? Und wie können wir Sehnsucht in Lebenskraft umwandeln?

Ein Buch für alle, die dem Geheimnis der Sehnsucht auf die Spur kommen wollen – ganz egal, ob ihre Sehnsucht ihnen als Antriebskraft dient, sie an ihr leiden oder sie jeglichen Kontakt zu ihr verloren haben. Voller faszinierender Erkenntnisse, Aha-Momente und Ermutigung. Mit Fragen und Impulsen zum Weiterdenken.

Gary Chapman
Die 5 Sprachen der Liebe
*Wie Kommunikation in der
Partnerschaft gelingt*
ISBN 978-3-86122-126-5
207 Seiten, Paperback
auch als E-book erhältlich

Es gibt nichts Schöneres, als zu lieben und geliebt zu werden. Doch wie kann es gelingen, dass der andere sich tatsächlich dauerhaft geliebt fühlt und unsere Liebesbekundungen ihn mitten ins Herz treffen?
Gary Chapman ist dem Geheimnis einer erfüllten Liebesbeziehung auf die Spur gekommen: Es geht nicht darum, irgendetwas Liebevolles für den anderen zu tun, sondern das richtige. Denn es gibt 5 verschiedene Sprachen der Liebe – und jeder von uns hat eine Muttersprache …
Mit praktischem Liebessprachentest!

*»Das Buch ist einfach genial. Der Autor beschreibt auf so einfache und nachvollziehbare Weise, wie unterschiedlich Menschen Liebe geben und empfangen und wie wichtig es ist, dabei die gleiche Sprache zu sprechen. Durch dieses Buch wurde mir erst bewusst, was mir wichtig ist und was Liebe für mich bedeutet. Nachdem ich auch meinen Mann dazu gebracht habe, dieses Buch zu lesen, sind uns beiden richtige ›Kronleuchter‹ aufgegangen und wir führen seither eine gänzlich neue Beziehung mit sehr viel mehr Liebe und Verständnis füreinander. Ich kann dieses Buch jedem empfehlen.«
Leserstimme*

Gary Chapman
Die 5 Sprachen der Liebe für Singles
ISBN 978-3-86122-736-6
176 Seiten, Paperback
auch als E-book erhältlich

Nichts beeinflusst das Wohlbefinden eines Menschen so sehr wie das Wissen, geliebt zu werden, und die Fähigkeit, Liebe zu schenken. Egal, ob Sie erst kurz oder schon lange Single sind, Ihr Ehepartner gestorben ist oder Sie geschieden wurden – Ihre Seele hungert nach Liebe und die größte Zufriedenheit in Ihrem Leben erzielen Sie da, wo Sie Liebe schenken.

Ob Sie Ihren Verwandten, Freunden, Kollegen oder Mitbewohnern lieber

- Ihre Zeit widmen
- Mut machen
- durch kleine Aufmerksamkeiten das Leben verschönern
- hilfreich zur Seite stehen
- Ihre Sympathie zeigen, indem Sie sie einfach mal in den Arm nehmen ...

es lohnt sich, wenn Sie Ihre eigenen Stärken kennen und die Wünsche der anderen richtig einzuschätzen wissen. Denn nur wenn die Liebe, die Sie schenken, bei Ihrem Gegenüber richtig ankommt, kann sie vielfach zu Ihnen zurückkehren.

Judith Westerheide
Way to Go!
*Weil deine Identität entdeckt
werden will*
ISBN 978-3-96362-330-1
238 Seiten, Paperback

Fühlst du dich manchmal ein wenig lost inmitten all der Möglichkeiten und Entscheidungen?
Gibt es Meilensteine, die du längst erreicht haben wolltest?
Schritte, bei denen du nicht weißt, ob du sie gehen sollst und wohin sie führen?
Damit bist du nicht allein! Anders als noch vor einigen Jahrzehnten findet die Entwicklung der Identität inzwischen überwiegend in den Zwanzigern statt. Eine neue Lebensphase ist entstanden: die der New Adults (18-29 Jahre). Wie ist es dazu gekommen und was bedeutet das? Und wie kann man herausfinden, wer man ist und wie man sein Leben leben will?

Mit spannenden psychologischen Fakten, Aha-Momenten und Übungen zur Selbstreflexion will *Way to go!* dir helfen, weiterzukommen und anzukommen auf dem Weg zu deiner Identität.

Für New Adults und alle, die zwar selbst nicht mehr in diesem Alter sind, junge Menschen aber besser verstehen, sie anfeuern, fördern und begleiten möchten.